本书受到"北京大学国家发展研究院腾讯基金"资助

国家智库报告 2018（45）
National Think Tank

金融

网络借贷风险缓释机制研究

沈艳　李苍舒　著

A STUDY ON THE MECHANISM OF RISK MITIGATION FOR ONLINE PEER TO PEER LENDING IN CHINA

中国社会科学出版社

图书在版编目(CIP)数据

网络借贷风险缓释机制研究/沈艳,李苍舒著.—北京:中国社会科学出版社,2018.12

(国家智库报告)

ISBN 978-7-5203-3714-4

Ⅰ.①网… Ⅱ.①沈…②李… Ⅲ.①互联网络—应用—借贷—风险管理—研究 Ⅳ.①F830.49

中国版本图书馆 CIP 数据核字(2018)第 283099 号

出 版 人	赵剑英
项目统筹	王 茵
责任编辑	黄 晗
责任校对	郝阳洋
责任印制	李寡寡

出 版	中国社会科学出版社
社 址	北京鼓楼西大街甲 158 号
邮 编	100720
网 址	http://www.csspw.cn
发 行 部	010-84083685
门 市 部	010-84029450
经 销	新华书店及其他书店
印刷装订	北京君升印刷有限公司
版 次	2018 年 12 月第 1 版
印 次	2018 年 12 月第 1 次印刷
开 本	787×1092 1/16
印 张	6
插 页	2
字 数	60 千字
定 价	30.00 元

凡购买中国社会科学出版社图书,如有质量问题请与本社营销中心联系调换
电话:010-84083683
版权所有 侵权必究

摘要： 互联网金融的发展，对于推动中国金融体系升级换代，促进数字普惠金融和经济可持续发展具有重要意义。然而在此过程中，互联网金融个体网络借贷（P2P）市场虽然发展快、规模大，却因风险事件频发而备受关注。本书分析了中国网络借贷行业的现状、特征及与发达国家之间的差异，梳理了中国网络借贷模式的演化历程，发现中国网络借贷市场上存在多重风险。因此，需要深入研究网络借贷风险防控措施，加快构建网络借贷市场风险缓释机制。

通过梳理目前可用于分散网络借贷风险的六类方式，本书发现，现有风险分担模式下平台迅速转型为信息中介具有较大困难，单独使用其中某一种模式都不足以保障市场风险的释放，需要多管齐下探索新的风险分担模式。

本书从短期内如何消化风险存量和长期如何防范风险两个角度来进一步讨论缓释机制。对短期内如何消化风险存量，提出如下建议：设立准入门槛，要求平台持牌经营；建立网贷准备金制度；落实资金存管；设立风险处置预案；建立风险预警机制。从长效机制角度缓释风险的建议主要有：加强互联网金融基础设施建设；强化平台信息披露管理；在合规的前提下容许平台以多种方式分散风险；强调投资者适当性原则，加强投资人审核与保护；制定统一标准，建立及时、全面的网络借贷统计数据库；推动稳健的金融创新，平衡防范风险与创新之间的关系。

关键词： P2P借贷；风险缓释；机制

Abstract: The development of Internet finance is of great significance for upgrading China's financial system and promoting the sustainable development of digital inclusive finance and economy. Peer to Peer lending (P2P) market has been developing rapidly during the process, however, it has attracted much attention due to the frequent occurrence of risk events. The book analyzes the current situation, characteristics of China's P2P lending and its differences from the developed countries, the evolution process of its operation mode, and finds that there are multiple risks in China's P2P lending market. Therefore, it is necessary to further study the risk prevention and control measures and speed up the construction of the mechanism of risk mitigation for P2P lending in China.

By analyzing the six kinds of ways that can be used to disperse risk of P2P lending, the book finds that it is difficult to quickly transform the P2P platform into information intermediary under the existing risk sharing condition. One of these ways alone is not enough to guarantee the release of market risk, so it is required to explore new risk allocation structure in multiple ways.

This book further discusses the mitigation mechanism from two perspectives: how to solve the existing risks in the short term and how to prevent risks in the long run. Following suggestions are put forward to solve the existing risks in the short term. Set up the entrance threshold. Request the P2P platform to be licensed to operate. Establish P2P loan reserve system and capital depository system must be practicable. Set up the risk disposal plan and build risk early warning mechanism. Some suggestions are put forward to prevent risks in the long run. Strengthen the construction of Internet financial infrastructure and the management on information disclosure for platforms. Allow the platform to diversify risks in a variety of ways under the premise of compliance. Emphasize the principle of investor appropriateness and strengthen the examination and protection of investors. Specify unified standards to establish a timely and comprehensive database for P2P lending statistics. Promote steady financial innovation and balance the relationship between risk prevention and Fintech innovation.

Key Words: P2P Lending, Risk Mitigation, Mechanism

目 录

序 …………………………………………………… (1)

前言 ………………………………………………… (1)

第一章 中国个体网络借贷行业现状 …………… (1)
 第一节 网络借贷行业特征 ………………… (1)
 第二节 中国网络借贷行业与发达国家
    差异 ……………………………… (6)
  一 国家经济发展水平不同 ……………… (6)
  二 借贷结构不同 ………………………… (7)
  三 网络借贷基础设施不同 ……………… (10)
  四 监管模式不同 ………………………… (10)
  五 网络借贷统计标准不同 ……………… (12)

第二章 网络借贷行业模式演化进程 …………… (15)
 第一节 网络借贷的源起与挑战 …………… (15)
  一 网络借贷的源起 ……………………… (15)

二　网络借贷的挑战 …………………………………（17）
　第二节　网络借贷的发展 ……………………………………（19）
　第三节　网络借贷的异化与野蛮生长 ………………………（24）

第三章　网络借贷的风险应对模式 ……………………………（31）
　第一节　英国的风险应对模式 ………………………………（31）
　　一　准入门槛方面 …………………………………………（31）
　　二　信息披露方面 …………………………………………（33）
　　三　保护投资者权益方面 …………………………………（34）
　第二节　美国的风险应对模式 ………………………………（36）
　　一　准入门槛方面 …………………………………………（36）
　　二　信息披露方面 …………………………………………（37）
　　三　保护投资者权益方面 …………………………………（39）
　第三节　风险应对模式的可行性分析 ………………………（40）
　　一　无担保 …………………………………………………（41）
　　二　平台自行担保 …………………………………………（41）
　　三　第三方担保公司担保 …………………………………（42）
　　四　保险公司提供信用保证险 ……………………………（44）
　　五　相互/互助保险 ………………………………………（46）
　　六　资产证券化 ……………………………………………（47）

第四章　构建风险缓释机制的对策建议 ………………………（51）
　第一节　网络借贷市场的前景 ………………………………（51）
　第二节　消化存量，缓释风险的短期举措 …………………（54）
　　一　设立准入门槛，要求平台持牌经营 …………………（55）

二　建立网贷准备金制度 …………………… (57)
三　落实资金存管 …………………………… (58)
四　设立风险处置预案 ……………………… (59)
五　建立预警机制 …………………………… (61)

第三节　平衡监管与创新,缓释风险的
　　　　长效机制 …………………………… (62)
一　加强互联网金融基础设施建设 ………… (63)
二　强化平台信息披露管理,"谁发布信息,
　　谁承担责任" ……………………………… (64)
三　在合规的前提下容许平台以多种方式
　　分散风险 ………………………………… (65)
四　强调投资者适当性原则,加强投资人
　　审核与投资人保护 ……………………… (66)
五　制定统一标准,建立及时、全面的网络
　　借贷统计数据库 ………………………… (69)
六　推动稳健的金融创新,平衡防范风险与
　　创新之间的关系 ………………………… (70)

参考文献 ……………………………………… (72)

后记 …………………………………………… (74)

序

  这份报告缘起于2017年8月22—25日北京大学数字金融研究中心和CF40联合赴美国旧金山开展关于美国金融科技相关调研之后的讨论。旧金山之行时间安排十分紧凑，往往早上八点出发去参访企业，晚上七八点晚餐后，来自学界、业界和监管三方关心网络借贷未来的成员，开始总结、交换参访心得，常常已近深夜，大家还意犹未尽。这次调研的一个焦点就是，美国如何监管网络借贷？信息中介定位在美国如何实施、前景如何？这些问题的答案，在2017年11月北京大学数字金融研究中心发布的《美国金融科技考察报告》中作了详尽的回答。但是调研组成员的一个共识，是一些关于中国网络借贷的重要问题尚未得到充分研究，如中国目前网络借贷的纯粹信息中介定位是否可行？其中究竟蕴含了什么样的风险？有哪些可以缓释风险的措施？

为了回答上述问题，在北京大学数字金融研究中心黄益平教授的指导下，本人和2018年夏加入北京大学数字金融研究中心的博士后李苍舒共同负责承担了"网络借贷风险缓释研究"这一课题，展开对中国网络借贷发展来龙去脉和未来前景的探讨。2018年4月28日，北京大学数字金融研究中心就研究报告初稿召开闭门会议，听取来自业界和监管方面的意见；2018年6月1日，北京大学数字金融研究中心正式发布了这份报告。

报告发现，"中国网络借贷是在经济发展水平仍然较低、监管比较宽松、征信系统不完善、相关业务详细统计缺失、民众习惯刚性兑付的情况下，在大量个体投资人和大量个体借款人间展开的间接借贷业务。由于网络借贷支付成本高、不少平台没有足够多的投资人和借款人、大部分平台轻风控且大数据分析能力弱等因素，该行业开始出现资金池，拆标打包、自动投标和债权转让等原本可以提高网络借贷效率的方式出现异化，平台偏离信息中介定位，风险很大"。这一判断提及的风险，在2018年6月底监管部门宣布备案延期的消息后，以2018年7、8月近300家平台密集成为问题平台的方式，呈现在公众面前。北京大学数字金融中心开发的数字金融情绪指数显示，2013年1月到2016年年底，该指数的平均值为-5，即媒体对互联网金融领域的新闻报道情绪基本处于平和状态。2017年至2018年7月，该情绪的均值为-157，而6月24日、7月1日、7月8日、7月15日、7月22日的情绪指数分别是-304、-458、-414、-639和-689。可以看到，风险爆发之后，市场情绪产生了极大恐慌。直至监管部门释放出关于备案时间表、"老赖"进入征信系统等对市场发展更为健康的信息，市场情绪才逐渐趋于平缓。

过去十多年间，个体网络借贷（P2P）对支持中国实体经济、促进数字普惠金融发展发挥了重要作用，但该行业发展快、规模大，掺杂大量以互联网金融名义进行的非法活动，特别是上述多个平台的"爆雷"现象，引发了对P2P未来发展方向的关注。本报告的分析显示，P2P快速发展的根本原因，一是中国信贷服务存在巨大的供需缺口。经过40年的经济高速增长，中国中产阶级规模已经接近欧洲的人口规模，居民对多元化的投资理财渠道的诉求上升。中国目前的正规金融体系虽然渗透率较高，但是正规金融体系的目标客户是少部分高净值客户而不是大部分普通客户。二是互联网快速发展为网络借贷提供的较为完善的基础设施、近年来金融科技公司不断成长的大数据分析能力，都为提高风控能力、降低运营成本，有效服务更多企业和个人提供了巨大发展空间。研究表明，个体网络借贷的发展对于缓解中小微企业"贷款贵、贷款难",为个人提供更好的金融服务已经发挥了一定作用。因此,不应当用一刀切的取缔方式来处理当前遇到的问题。

但是,要妥善处置好当前的风险、避免触发系统性金融风险,就需要对中国网络借贷的来龙去脉作出梳理、对已经存在的风险缓释举措作出评估,对促进网络借贷市场健康发展需要的短、长期措施作出一定的梳理。这就是本报告最主要的目标。

另一方面,网络借贷是中国互联网金融的重要组成部分,而互联网金融作为金融创新,曾经在助力普惠金融方面被各方寄予厚望,为什么会在五六年的发展中,就几乎变成了大家不愿意使用的词汇?如何识别和鼓励好的金融创新发展、如何才能淘汰伪金融创新?中国网络借贷行业的起落,也为对上述问题的思考提供了一个切入角,也是值得继续关注的方向。

是为序。

沈艳

2018年9月20日于朗润园

前 言

过去十多年间,互联网个体借贷(P2P)对服务中国实体经济、促进数字普惠金融发展具有重要意义。但是,中国P2P市场发展快、规模大,风险事件频发,更不乏借着互联网金融名义进行的非法活动。2016年8月,《网络借贷信息中介机构业务活动管理暂行办法》出台,明确要求网络借贷平台应在信息中介定位下,以小额分散为原则,服务小微企业、个体经营者和个体消费者。《关于做好P2P网络借贷风险专项整治整改验收工作的通知》显示,监管部门原定各地要在2018年4月底前完成主要P2P机构的备案登记工作、最迟2018年6月底之前全部完成网贷备案,但目前看来这一工作推迟完成的概率较大。

这表明,各方对于下列两个重要问题尚未形成共识:第一,在信息中介定位下,网络借贷平台存活并获得可持续的增长、切实服务中国小微企业和消费者的前景如何？第二，如何缓释现有1000多家网络借贷平台在这些年运营中积累的各类风险，避免触发系统性金融风险？

本研究旨在为上述两个问题提供答案。我们首先刻画中国网络借贷市场的基本特征、描述其变迁过程，并与英美网络借贷市场进行比较。我们发现，中国网络借贷是在经济发展水平仍然较低、没有完善征信系统、没有严格的监管机制、没有相关业务的详细统计、民众习惯刚性兑付的情况下，在大量个体投资人与大量个体借款人间展开的、直接借贷逐渐演化成间接借贷的业务，因此存在较大风险。

我们发现：拆标打包、自动投标和债权转让等工具最终导致出现资金池，是因为平台在撮合过程中主要遇到三个障碍：（1）小额、海量支付的成本高；（2）中小平台没有足够多的借款人和投资人；（3）不少平台轻风控、大数据分析能力不足。

我们梳理了网络借贷可用于分散风险的六类方式：无担保、自行担保、第三方担保、相互保险、保险公司信用保证险和资产证券化，并列举其中符合信息中介定位的方式。我们发现，现有风险分担模式下平台迅速转型为信息中介具有较大困难，如果只允许平台使用其中一种符合信息中介定位的风险分散方式，并不足以保障有效缓释中国网络借贷市场风险。因此，应容许平台采用多种方式，并探索新的风险分担模式。

我们从短期内如何消化存量、长期如何防范风险两个角度入手，讨论如何建设有中国特色的网络借贷信息中介。对短期内如何消化存量，我们有如下建议：

1. 建立准入机制，平台应持牌经营；

2. 建立网贷准备金制度，要求网络借贷平台根据贷款余额和新增贷款按比例在监管部门存放一定资金，以应对资产违约风险；

3. 落实资金存管，取缔"存而不管、部分存管"的平台；

4. 建立平台停业、跑路等风险处置预案，强调平台倒闭不代表现有债权债务关系解除；

5. 及时获取平台经营基本数据，建立预警模型。

从长效机制角度，我们对缓释风险的建议主要有：

1. 加强互联网金融基础设施建设，容许资质良好的平台接入央行征信系统、建立并完善网络借贷征信系统，降低支付成本；

2. 加强平台信息披露管理，即"谁发布信息，谁承担责任"；

3. 在合规的前提下允许平台以多种方式分散风险；

4. 强调投资者适当性原则，加强对投资人的审核与保护；

5. 建立及时、全面、可与国际统计规则对接的网络借贷统计数据库；

6. 推动稳健的金融创新，平衡防范风险与鼓励创新之间的关系。

第一章 中国个体网络借贷行业现状

个体网络借贷，即P2P模式，是近年来在中国快速兴起的一种网络融资业态。个人对个人的网络借贷属于民间小额借贷，通过网络平台实现借贷双方的对接，同时满足投资者的理财需求与借款者的资金需求，实现互利互惠的金融目的。中国网络借贷采取了与全球其他国家不同的发展模式，形成了在缺乏充分征信、监管相对宽松的背景下，以个体借款人和个体投资人为主体、消费贷为主要形式的借贷市场。在此过程中，中国的个体网络借贷市场体现出较为鲜明的中国特色。

第一节 网络借贷行业特征

经过十多年的发展，中国互联网个体网络借贷呈现出以下两个特征。

第一,中国个体网络借贷行业出现早、发展快,成交量全球最大、投资人数和借款人数最多。2005年3月,全球第一家P2P网络借贷平台Zopa在伦敦创办。2006年,宜信在北京成立,推出个人对个人的信用借款。2007年6月,总部位于上海的拍拍贷正式成立运营,这是中国首家经工商部门批准,获得金融信息服务资质的无担保网络借贷平台。随后,红岭创投、人人贷、陆金所等网络借贷平台相继成立。根据网贷之家的统计,[①] 2012年中国网络借贷成交量为212亿元人民币(约33亿美元)。到2014年,中国网络借贷成交量已经达到411亿美元,超过同期的美国(104亿美元)和英国(24亿美元),成为全球最高。[②] 2017年,网络借贷成交量达到28048亿元人民币,历史累计成交量在2017年年底已经超过6万亿元。在不到五年的时间内,贷款余额也从58亿元攀升到1.2万亿元(见图1-1)。

[①] 《2017年中国网络借贷行业年报》,网贷之家。
[②] 交易量美元值按照平均汇率折算,2012年为6.3,2014年为6.15。美国数据根据Cambridge Judge Business School报告"Breaking New Ground: Americas Alternative Finance Benchmarking Report"第34页北美地区使用替代金融各渠道数据中除去众筹之外的前五项相加,再根据第25页指出99%北美地区的交易量都在美国计算而得。英国数据来自《2015网络借贷蓝皮书》。

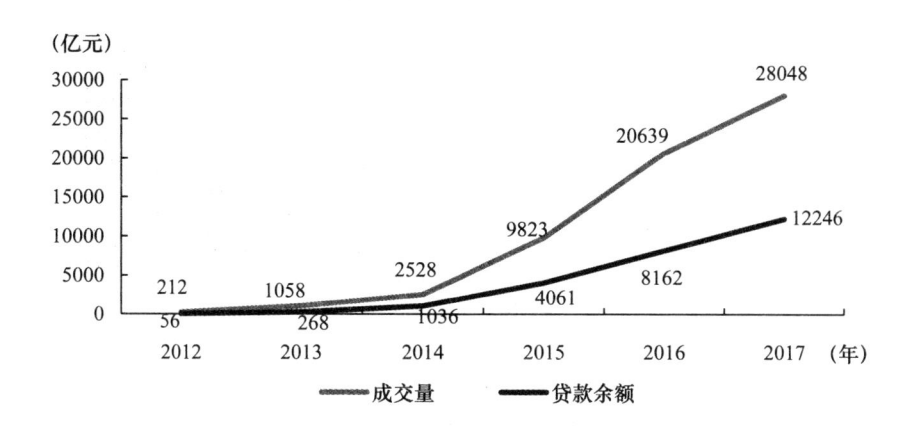

图 1-1 P2P 网络借贷成交量与贷款余额

资料来源：网贷之家，笔者收集整理。

中国网络借贷投资人数和借款人数增长迅速。2013 年投资人和借款人总数为 40 万人，而到 2017 年总数已经接近 4000 万人，其中投资人与借款人分别约为 1713 万人和 2243 万人，较 2016 年分别增加 24.58% 和 156.05%（见图 1-2）。中国参与网络借贷市场总人数已经超过英美等发达国家。2015 年，美国的网络借贷消费贷和企业贷的资金来源主要是机构投资人和合格投资人（accredited investor）。2015 年英国网络借贷的活跃个体投资人的数量为 100 万人，2016 年为 250 万人。[①]

---

① 数据来源："Entrenching Innovation: The 4th UK Alternative Finance Industry Report", *Cambridge Judge Business School*, 2017, 第 27 页。

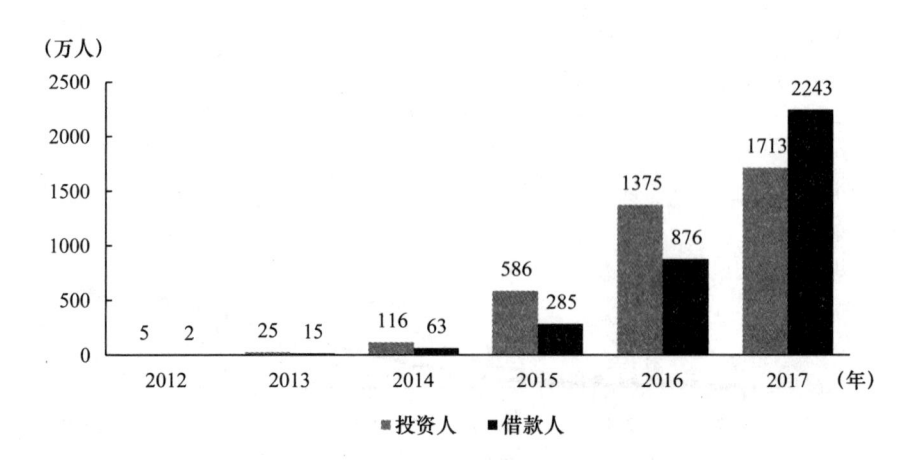

图 1-2　网络借贷平台当年投资人数和借款人数

资料来源：网贷之家，笔者收集整理。

第二，网络借贷风险频发，问题平台数已经超过2/3，还有不少平台风险尚待暴露。2015年12月，宣称"互联网金融+融资租赁"的A2P（Asset to Peer）经营模式的平台e租宝被警方立案侦查，事后查明e租宝非法集资达500多亿元、涉案投资人数达到90多万人。这一标志性风险事件说明网络借贷因涉及人群广泛，风险事件社会影响大而需引起高度关注。截至2017年12月，中国累计出现网络借贷平台总数为5970家，正常运行平台为1931家，即累计有4039家平台退出市场（见图1-3）。

图1-4描述了2013年6月至2018年3月期间每月退出的平台数量。该图显示，从2013年下半年开始，问题平台数量的增长速度也逐渐加快；直到2016年8月，随着相关监管政策的不断出台、政府各部门

对P2P行业开展联合整治行动，问题平台的增长数量才开始呈现下降趋势，但目前风险仍在持续暴露过程中。

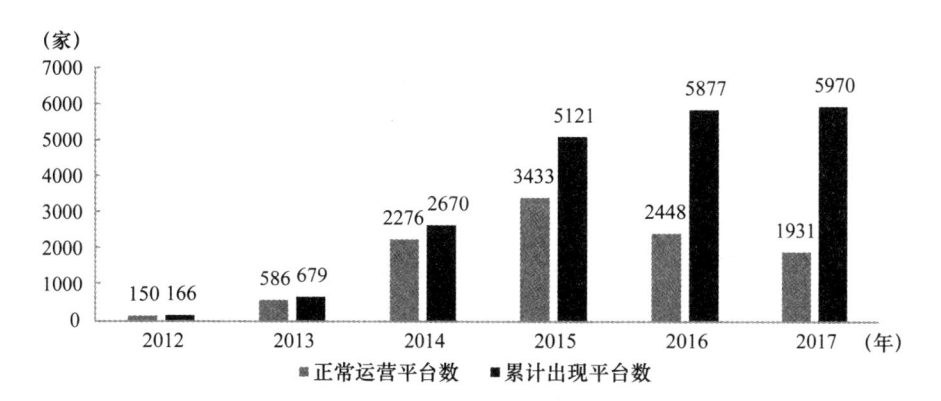

图1-3 当期正常运营平台数和累计出现平台数

资料来源：网贷之家。

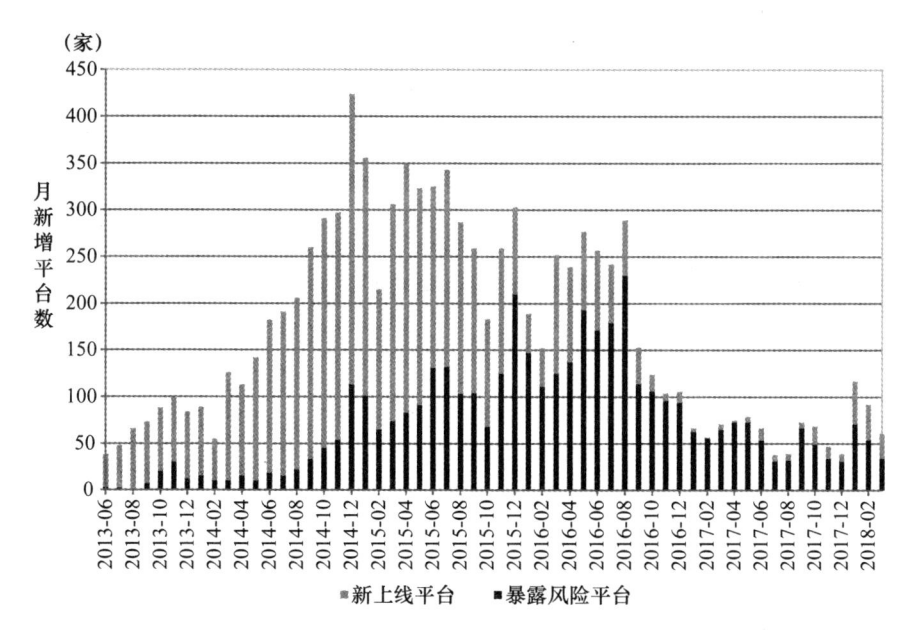

图1-4 退出平台变化

资料来源：清华大学国家金融研究院互联网金融实验室、网贷之家，笔者整理绘制。

第二节 中国网络借贷行业与发达国家差异

网络借贷在中国与英美等发达国家中呈现出不同的发展态势,这与中国的具体国情有关,也揭示了中国与发达国家间网络借贷行业的差异。

一 国家经济发展水平不同

作为发展中国家,中国网络借贷是在金融抑制仍然比较严重的情况下快速扩张的。图 1-5 对比了 2015 年世界各主要国家人均 GDP 和借款人均 P2P 消费贷交易额和中国在 2015—2017 年借款人均 P2P 交易额[①]。图中趋势线刻画了欧洲主要国家的人均消费贷交易规模随着国家经济发展水平的提升,消费贷融资规模也逐步增长的态势。美国网络消费贷的发展速度比欧洲更快:2015 年美国的人均 GDP 约为 5.6 万美元,为英国人均 GDP 的 1.3 倍、德国的 1.4 倍,但同期美国消费贷的人均交易额却达到 2.8 万美元,约为英国的 2.9 倍,德国的 4.3 倍。

---

① 由于中国尚无区分网络企业贷和消费贷的统计,中国数据口径和其他国家存在差异,本图采用人均借贷指标,而其他国家为人均消费贷指标。据业内人士反映,中国消费贷大约占网络借贷交易量的七成。

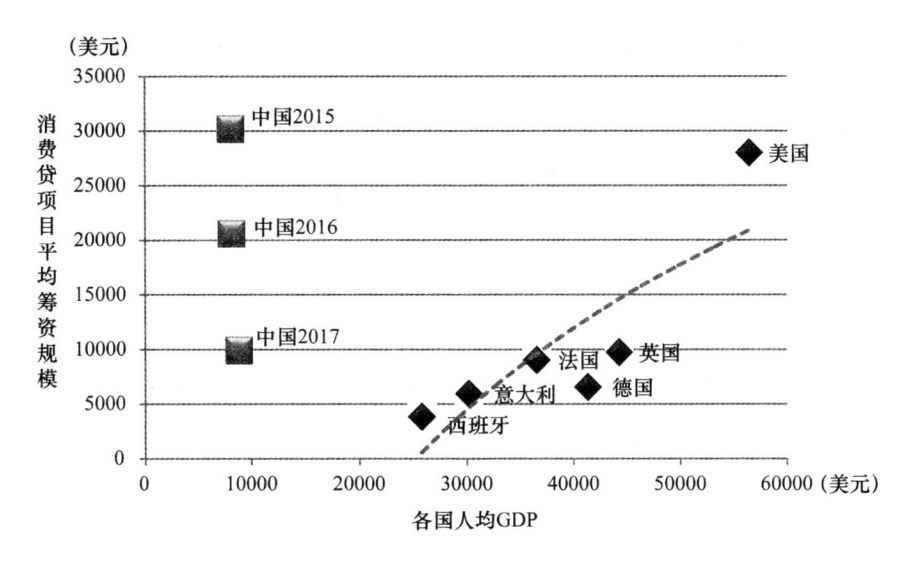

图1-5 2015年主要国家人均P2P消费贷交易额与人均GDP

资料来源：世界银行，笔者统计整理。

中国则属于"未富先网贷"。2015年中国的人均GDP约为美国的15%，然而中国人均网络筹资额却高达3万美元。虽然2016年和2017年由于借款项目数的增长超越了行业规模增长的速度而导致人均借款额有所下降，但仍然与不少发达国家的人均消费贷水平相当。①

二 借贷结构不同

中国中小企业和个人"贷款贵、贷款难"，主要是因为信息不对称导致正规金融机构从他们中识别合格

---

① 2016年中国网络借贷行业交易总量为20639亿元，借款项目总数1443.94万元，相比2015年分别增长110%以及188%；2017年中国网络借贷行业交易总量为28048亿元，借款项目总数4322.73万元，相比2016年分别增长35.92%以及199%。

借款人的成本较高。因此，正规金融机构的业务对象主要是前20%的优质借款人。对网络借贷平台来说，正规金融供给不足为其提供了巨大发展空间，但如何从后80%的借款人群中遴选相对优质借款人、给出合理风险定价，则是他们面临的主要挑战。

如果将主要网络借贷结构模式概括为美国模式、英国模式和中国模式，则可以看到英美两国在资金端和资产端各有特色。其中，美国模式是少量的机构投资人对多数借款人的模式。具体来说，美国网络借贷市场的投资人以机构投资人和具有雄厚资金的合格投资人为主，虽然不同细分市场机构和合格投资人占比不同，但2016年其最低比例为53%，最高比例超过了90%。美国市场的借款人以个人为主，借款的主要目的是用于偿还信用卡或者其他已有债务的周转，网络借贷成为新借贷的比重较低。

英国模式则是以大量个体投资人对应大量中小微企业借款人。从投资人结构看，2017年英国网络借贷投资额的70%来自个体投资人，30%来自机构投资人。从借款人角度看，2015年英国P2P市场给中小微企业的贷款为1.49亿英镑，消费者贷款为0.91亿英镑，因此企业贷款占62%，其中房地产借贷一项为6.09亿英镑。[①]

---

① Pushing Boundaries, the 2015 UK Alternative Finance Industry Report, University of Cambridge, Judge Business School.

中国网络借贷结构则是以大量个体投资人对应大量个体借款人，2017年借贷总人数已经接近4000万人。近年来借款人数猛增，2017年借款人数为2016年的2.6倍，并超越投资人数。美国模式中投资人实力雄厚，有较强风险识别能力。一来投资人因资金雄厚可以做好资产配置、充分分散风险；二来不会有刚性兑付需求，即便投资失败也不易引发社会动荡。英国模式虽然投资人数众多，但一份调查报告显示，无论是企业贷还是消费贷，投资人年龄在35岁以上的都超过了85%，其中年龄超过55岁在这两类贷款中都已经过半。[①] 英国网络借贷资产端多为中小微企业，资金去向比较明晰，借款人造假骗取资金离场的可能性较低。

相比之下，中国借贷两端都以自然人为主。根据网贷之家的调查，2017年网络借贷投资人至少有40%在40岁以下；八成投资人月收入在10000元以下，三成以上投资人月收入不超过5000元。从借款端看，网贷之家对数家消费金融头部平台的抽样调查显示，超过八成的借款人年龄在20—40岁，月收入4000元以下的超过50%。因此总体上，借贷在大批习惯于刚性兑付的年轻投资者对大批收入较低的年轻借款人之间发生。

[①] Orca Peer-to-Peer Investor Guide，2017年9月。

三 网络借贷基础设施不同

英美两国都有较完善且比较相似的征信系统，其中美国征信分FICO主要由Experian、Equifax和TransUnion根据FICO公司提供的算法、各自采用有差异的数据构建，英国则由Callcredit、Equifax和Experian来构建类似的信用评分。所以英美两国判断个体借款人资质的成本较低。比如美国Prosper的借款人中80%的FICO分都在680分以上，Lending Club的贷款也集中在优质个体借款人这一群体。与他们相比，中国征信体系不发达，在2015年央行征信系统中有信贷记录的人仅为3.8亿人；且网络借贷平台目前还不能接入央行征信系统。因此，网络借贷平台判别借款人资质的成本较高，而且借款人逾期或者恶意赖账的信息不能纳入征信。

四 监管模式不同

2008年金融危机后，美国对网络借贷平台采取非常严格的监管，其严格程度至少和对银行的监管相当。2008年以后美国网络借贷平台主要采取两种运营模式，一种叫作直接借贷（direct lending），是平台从机构投资人或者合格投资人获取资金后直接投给借款人。另一种叫作平台借贷（platform lending），是由第三方银行为每一笔贷款发行一份证券,对平台进行债权转让,而平台实际担任证券承销商的角色,再将证券卖给投资人的模式。① 对于直接借贷,美国要求网络借贷平台在哪个州展开业务就需要获得该州的经营牌照并遵守该州与借贷相关的各种法律。对于平台借贷模式,则应接受证监会监管。

英国模式中,从 2014 年 4 月起监管当局主要是行为监管局(FCA),该局要求网络借贷需要持牌。在 FCA 接手之前就已经在运营的平台,可以凭持有的公平交易办公室牌照(Office of Fair Trading,OFT)临时展开业务并重新向 FCA 申请牌照。FCA 成立后的平台则必须获得 FCA 牌照才能经营。同时,英国 P2P 行业协会(P2PFA)在市场发展中也发挥了较为活跃的作用。另外,英国模式提出了用监管沙盒来测试创新产品的机制,这一机制可以在创新和防范风险之间作出较好的平衡。

与英美两国相比,在网络借贷发展的初期,中国采取非常宽容的监管态度。直到 2015 年 7 月才由十部

---

① 以 Lending Club 为例:虽然借款人和投资人在 Lending Club 平台直接进行借贷交易,实际执行过程如下。(1)借款人向 Lending club 提出借款申请,平台向 Web Bank 要求相应票据。(2)Web Bank 将承兑票据转让给 Lending Club,而 Lending Club 则为 Web Bank 提供由投资人提供的资金。(3)平台向投资人发行一个独立的票据。(4)借款人偿还贷款,平台来支付给投资人作为投资回报。因此,投资者投资的是一个收益权票据,平台则收取一定的服务费用。

委《关于促进互联网金融健康发展的指导意见》；2016年8月出台《网络借贷信息中介机构业务活动暂行办法》；目前，原定2018年6月完成的备案工作也还在进行中。从监管主体看，最初是十部委发文，银监会与地方金融办之间在监管方面的配合也不够清晰。直到最近，监管主体和监管思路才逐渐明确。

五　网络借贷统计标准不同

和英美等发达国家相比，中国在网络借贷金融统计方面还比较落后，缺乏全面细致的相关金融统计。英美两国对投资人中自然人和机构投资人的占比、借款人中企业在现有法律框架下，企业贷和消费贷的占比、借款人资质、借款用途等，逐年都有较为详尽的统计。例如，统计显示，英国小微企业从P2P获得的贷款已经达到银行贷款规模的15%。[1] 中国目前没有官方统一的统计口径，更没有可以和国际统计相接轨的统计指标。

综上所述，与英美两国相比，中国网络借贷是在经济发展水平仍然较低、监管相对宽松、没有完善征信系统、没有对相关业务详细统计、民众习惯刚性兑付的情况下，大量个体投资人对大量个体借款人间展

---

[1] 2017 Recap: Marketplace lending movement, New Highs in Securitization volumes, Big Players Enter P2P space（http://www.pmifunds.com/2017-recap-marketplace-lending-movement-new-highs-securitization-volumes-big-players-enter-p2p-space/）.

开的借贷业务。

中国网络借贷发展模式和欧美等国之间的差异常被从两个角度解读。第一个角度是网络借贷很"普惠"。即网络借贷行业的发展速度与规模后来居上是因为它满足了旺盛的金融服务需求,体现出网络借贷深厚的发展潜力与广阔的发展前景,认为中国网络借贷体量大是因其符合中国国情的如下特点。

首先,中国信贷服务存在巨大的供需缺口。经过40年的经济高速增长,中国中产阶级规模已经接近欧洲的人口规模,居民对多元化的投资理财渠道的诉求上升。中国目前的正规金融体系虽然渗透率较高,但是正规金融体系的目标客户是少部分高净值客户而不是大部分普通客户。黄益平(2016)的研究显示,中国有超过70%的中小企业、农户和城市低收入家庭未享受到金融服务或者未能享受到足够的正规金融服务。另外,对于"80后""90后"等新生代在消费贷等领域的金融需求,正规金融往往也难以满足。

其次,互联网的快速发展为网络借贷提供了较为完善的基础设施。根据《中国互联网网络发展状况统计报告》,截至2017年12月,中国网民规模为7.72亿人,普及率55.8%;97.5%的网民通过手机上网。网民在线下消费使用手机网上支付比例达65.5%,农村地区网民使用线下支付的比例已达47.1%。移动终端的不断普及、网络借贷基础设施的不断完善，显著降低了网络借贷的成本。

最后，金融服务数字化转型的人才、技术障碍得到克服。改革开放以来，中国高等教育获得长足进步，培养了大量高精尖人才；中国积极加入全球供应链，产业结构得以不断提升，提供了数字化金融服务的新场景。近年来金融科技公司不断成长的大数据分析能力，降低了获客成本，提供了新的风控思路，实现场景化精准定位、服务长尾客户的创新层出不穷。

第二个角度是网络借贷是监管套利基础上的"普骗"。即认为互联网金融只是传统金融在互联网技术上的延伸，本身并无太多新意；网络借贷的快速发展主要是由监管缺失带来的监管套利，并存在巨大的风险隐患。由于监管往往滞后于创新，在"互联网＋金融"模式的风潮下，网络借贷行业进入门槛低，不少平台披着金融创新的外衣，行庞氏骗局之实。经营者的监管套利、无序经营以及重交易量轻风险控制的经营方式带来过度扩张。加之征信系统不发达、网络借贷相关征信尚在建设过程中，借款人信用门槛低。不合格借款人不仅可以借到款，还可以通过多头借贷来提高杠杆率。这些都使网络借贷存在"普骗"的趋势。普惠的需要和奔放的经营这两种力量交错，造成网络借贷市场鱼龙混杂的局面。

第二章 网络借贷行业模式演化进程

针对中国网络借贷规模大、问题多、跟其他国家模式不同的特点，我们需要梳理中国网络借贷行业的发展历程，才能理解究竟是"普惠"还是"普骗"更贴近中国现实。

第一节 网络借贷的源起与挑战

一 网络借贷的源起

P2P的理想模式是"指个体和个体之间通过互联网平台实现的直接借贷"①。即借款人在P2P平台上发起借款标的，投资人通过竞标向借款人放贷，平台撮合成交，因此应当是一种直接融资的业务模式。这里，

---

① 定义来自中国人民银行等十部委；《关于促进互联网金融健康发展的指导意见》银发〔2015〕221号，2015年7月18日。

投资人是指通过平台向借款人提供资金，并希望按期收回本金和利息的自然人或法人。借款人是指通过平台获取所需资金的自然人、非上市的私营企业、集体企业、股份制有限公司、小微企业等。

如果平台定位为信息中介，那么平台提供的服务可分为信息服务和交易服务两部分。其中信息服务包括：(1) 审核借款人资质，滤除不合格借款人和 (2) 对投资人展示合格借款人的相关信息；而交易服务包括 (3) 撮合投资人与借款人，达成贷款合同和 (4) 如果出现借款人违约，则协助投资人追索。平台收取相应服务费而不是收取利息。由于投资人自主选择借贷项目，作为撮合借贷双方的第三方，平台既不应分摊投资人获得的本息收益、也不需承担借款人违约所带来的损失。

就借贷金额看，个体网络借贷的监管定位是以小额为主。2016年8月出台的《网络借贷信息中介机构业务活动管理暂行办法》（以下简称《暂行办法》）规定如果借款人是自然人，则年度单平台借款限额为20万元，全平台限额为100万元；而企业限额分别是100万元和500万元。如果平台做好对借款人的尽调，如果投资人能够承受相应的投资风险，如果单笔借款额度不大，如果不同平台、同一平台不同借款人的行为都相互独立，那么在点对点直接借贷模式下，网络借贷出现借款人大面积违约、风险往正规金融蔓延的可能性就比较低。因此网络借贷有成为正规金融有益补充的空间。

2007年6月成立的拍拍贷采用了这一直接融资模式，最初也获得较快速的发展，注册用户从2009年10月的10万人增长到2016年年底的3261万人，成为国内用户规模最大的P2P平台之一。与国内其他P2P平台相比，当时的拍拍贷立足于信息中介定位，采用纯线上运作模式，将具体借款信息包括借款金额、期限、利率、投标进度及剩余金额等列示在网站上，供投资者进行投标和选择。该模式下拍拍贷不参与借贷双方资金往来、不承担违约风险。

二 网络借贷的挑战

但是，定位为信息中介的直接借贷模式在中国不易扩张，主要有两种因素制约了居民投资网络借贷的积极性。一是投资人识别合格借款人的成本很高。除了不少投资者缺乏足够专业的能力以外，大批个人和中小企业没有完善的征信记录也是重要原因。[①] 没有征信记录的借款人违约成本低，打击了风险自担投资人的投资意愿。二是目前国内居民的直接投资渠道较为有限，居民缺乏有效的投资工具，普通投资者习惯于刚性兑付。大多数投资者认为，P2P项目与银行存款

---

① 截至2015年年末，有信贷记录的自然人为3.8亿人，有信贷记录的企业为577万家。

和理财产品类似,平台必须确保自己拿到预期的本金和利息。一旦投资出现亏损,投资人会因此离场。所以,由投资人承担全部风险的投资模式难以保障资金稳步增长,网络借贷市场业务规模发展缓慢。

网络借贷平台采取自行担保和分散风险这两类业务模式,以解决信息中介定位下的投资人不足、资金来源有限的问题。为满足投资人的刚性兑付需求,采用自行担保模式的平台为投资者提供全额资金担保,即在借款人不能按期偿付时,由平台担保向投资者完成兑付。在吸引投资人方面,这类平台会给出稳定又具有吸引力的平均年化回报率,同时为不同级别的投资人提供分类保障计划。这一模式在实践中帮助平台拓展了业务规模,扩大了利润空间,但是借款人逾期、违约等相关信用风险也集中到平台自身。

分散风险模式指平台不自行提供担保,而是在投资人中分摊风险的业务模式。在这一模式下,平台将不同收益与风险的标的分拆打包,相当于平台为购买相应理财产品的投资人做了分散风险的资产配置。如果风险定价总体上可以覆盖违约损失,那么大多数投资者可以按期收回本金和相应收益。

图2-1给出简单示例。假定有五位投资人、三个借款标的。借款标的为新出现标的,而投资人与借款人的期限完全匹配,都是六个月。借款标的实际年化

收益率分别是15%、9%和-6%，借款人都是六个月期满后一次性还本付息，不会出现逾期。在直接投资模式中［见图2-1（a）］，投资人都只在三个标的中选一项投资。投资人4和投资人5投资了标的C，因为亏损离场。拆标打包模式中，平台将每个标的平均拆为五等份，每个投资人分别用1/3的资金购买A、B、C各一份，这样预期实际收益率为6%［见图2-1（b）］，不会有投资人因为亏损离场。

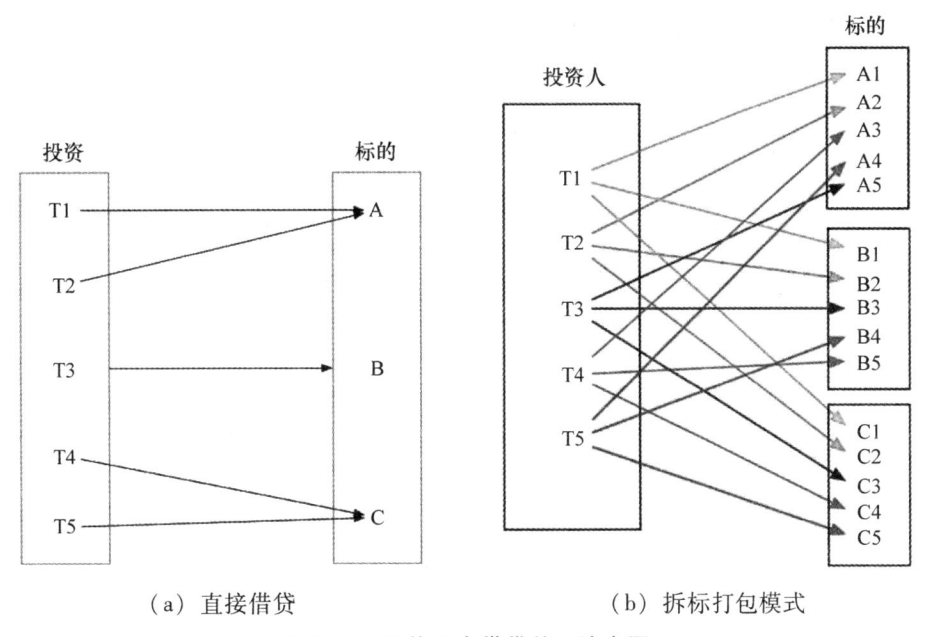

（a）直接借贷　　　　　（b）拆标打包模式

图2-1　网络平台借贷关系演变图

资料来源：笔者绘制。

第二节　网络借贷的发展

借助互联网和大数据技术，拆标打包模式可以通过分散不同标的，从而避免给投资人带来的风险差异过大。但是，这一模式也产生了新问题。

首先，投资人自主决策成本提高。这一模式下，自主决策的投资人要对无数细分标的作出是否借贷的决策、实现资产配置最优化，这就对投资人的专业能力、时间、精力等都提出了极高的要求。另外，借款人的还款模式包括一次性还本付息和等额本息这两种，以等额本息使用更为频繁。分期付款业务使借款人还款次数远多于借款次数，这意味着投资人的一笔投资会带来多次、陆续的还款。如果完全等待投资人自主决定何时投标，会出现资金的闲置。为了提高资金使用效率和投资收益、方便投资人对于投资期内的回款进行管理，平台开始为投资人提供使体验更为便捷的工具——自动投标（见图2-2）。

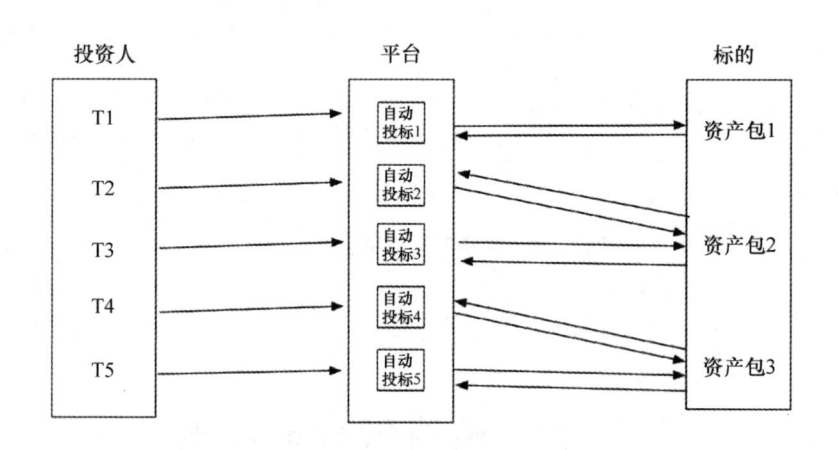

图2-2 自动投标示例

资料来源：笔者绘制。

资金使用效率提高的另一面是投资人资金流动性降低。考虑以下两个场景。一是假定投资人投资六个月，每个月等额本息支付，在没有自动投标的情况下，投资人每次收取本息后就将资金留在账户不再投资。那么每个月投资人获得1/6的相应本息金额，六个月后投资人收回全部本息和相应的流动性。场景二是有自动投标。此时按照投资人事先制定的策略，每次借款人支付本息之后，收获的本息会再次投放出去，产生新的本息。这样到六个月期满时，投资人的账户内所有资金都在投资，投资人资金流动性为零。

其次，如果按照拆分的细标和分期付款支付，平台支付成本高。以图2-2的投资场景为例，在直接借贷模式中，借和还一共要发生的支付次数为$5 \times 2 = 10$次。但是在拆分标的的情况下，借和还一共涉及$5 \times 3 \times 2 = 30$次支付。现在再考虑借款人每月等额还本付息的情形。在直接融资模式下，交易的次数为35次（5次投资+30次还款）支付。而在类资产证券化模式中，则需要105次支付〔15次投资+90次还款（15×6）〕。在自然人为主体的借贷场景中，不少投资人的投资金额不高，这样就会产生海量小额支付行为。所以，只有海量小额的支付成本可以忽略不计时，上述模式才有可行性。

最后，如果投资人与借款人期限需求不匹配，那么实现快速拆标打包出售有难度。如果两方期限需求完全相同，投资人与新借款人签订借贷协议，各笔交易之间可以实现相互独立。但是，中国 P2P 投资人倾向投资期限较短的标的，而借款人希望借款期限较长。根据网贷之家的调查，2017 年超过 85% 的投资人都偏好期限在 12 个月以下的投资。[①]

为达成交易，网贷平台开始提供债权转让的居间服务：当原投资人需要流动性的时候，就向平台示意要转让债权；经过平台撮合，新投资人受让原有投资人持有的借贷债权，并获得其后的债权收益。这样如果转让成功，原投资人可以实现退出，否则就需要持有债权直至到期。

例如，一个投资人希望六个月后收回本息，但借款人三年后才能完全还本付息。该投资人与借款人先签订期限匹配的三年期合同。六个月到期时，只要能找到新投资人与原借款人签订为期两年半的合同，那么该投资人就可以通过债权转让而重新获得流动性，新投资人则获得这一债权的未来收益（见图 2-3）。当然，如果新投资人持有六个月之后也想转让，那么可以继续寻找新新投资人，其借款合同的期限为两年，以此类推。

这里，点对点借贷能否顺利执行的关键，取决于

---

① 网贷之家：《2017 年网贷投资人大调查》（https://www.jrzj.com/205348.html）。

(1) 平台上是否有大量不同期限需求的投资人；(2) 平台是否有足够雄厚的技术实力为借贷双方最初的交易以及后来的债权转让实现匹配。

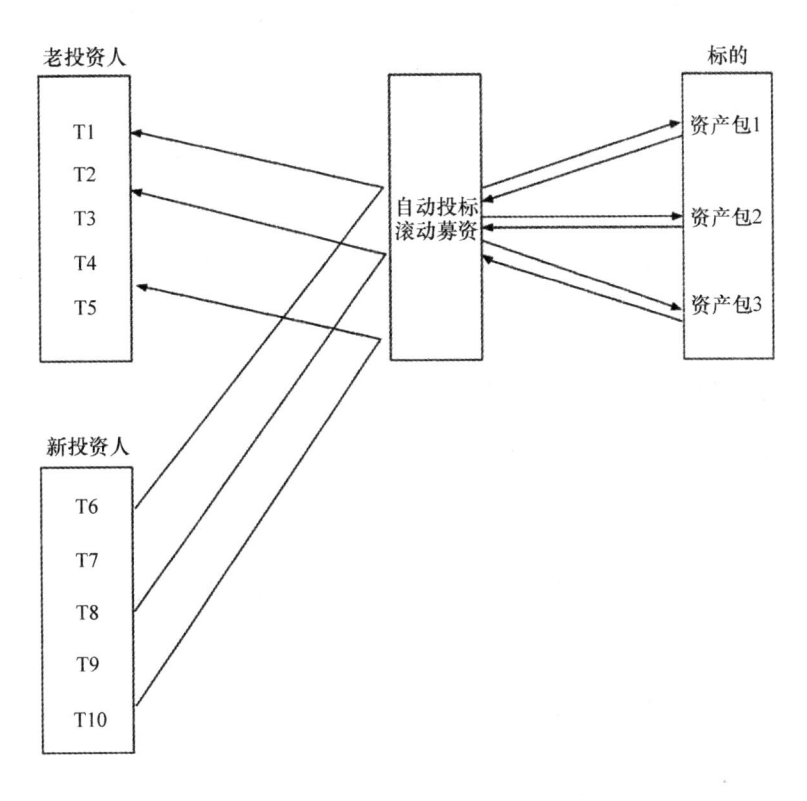

图 2-3 债权转让示意

资料来源：笔者绘制。

总结以上三点可知，在信息中介定位下，平台可以采用拆标打包、自动投标和债权转让等方式帮助借贷双方实现撮合需要满足三个条件：(1) 小额、海量支付的成本不高；(2) 平台上有足够多的需求各异的贷款人；(3) 平台风控能力、大数据分析能力足够强大。

第三节　网络借贷的异化与野蛮生长

问题是在中国现实中，前文所述三个条件都不符合。因为P2P平台多为互联网背景企业，一般都不具有支付牌照，小额海量支付成本高昂，①高额支付手续费成为平台扩张的一大障碍。为降低成本，平台有将同一投资人或者借款人在一段时间内的若干笔支付合并成一笔的强烈需求。

就投资人数和借款人数而言，一般平台的投资人数和借款人数远远不能达到大量的程度。图2-4展示了2017年12月—2018年2月的日度投资人数和借款人数。虽然日度投资人数的99%分位为6259人，但是95%分位的日度投资人数就下降到544人。类似的，虽然日度借款人数的99%分位为2859人，但95%分位的日度借款人仅为75人。该图表明，在借短贷长的常见模式下，小平台上的投资人自行找到新投资人以实现债权转让的难度很大。即便平台愿意仅仅做居间撮合并且具有高超的匹配能力，无奈巧妇难为无米之炊。

---

① 课题组从业界相关人士了解到，2018年3月，单笔支付成本每百元需1.5—3元，对于小额海量支付来说，成本不低。

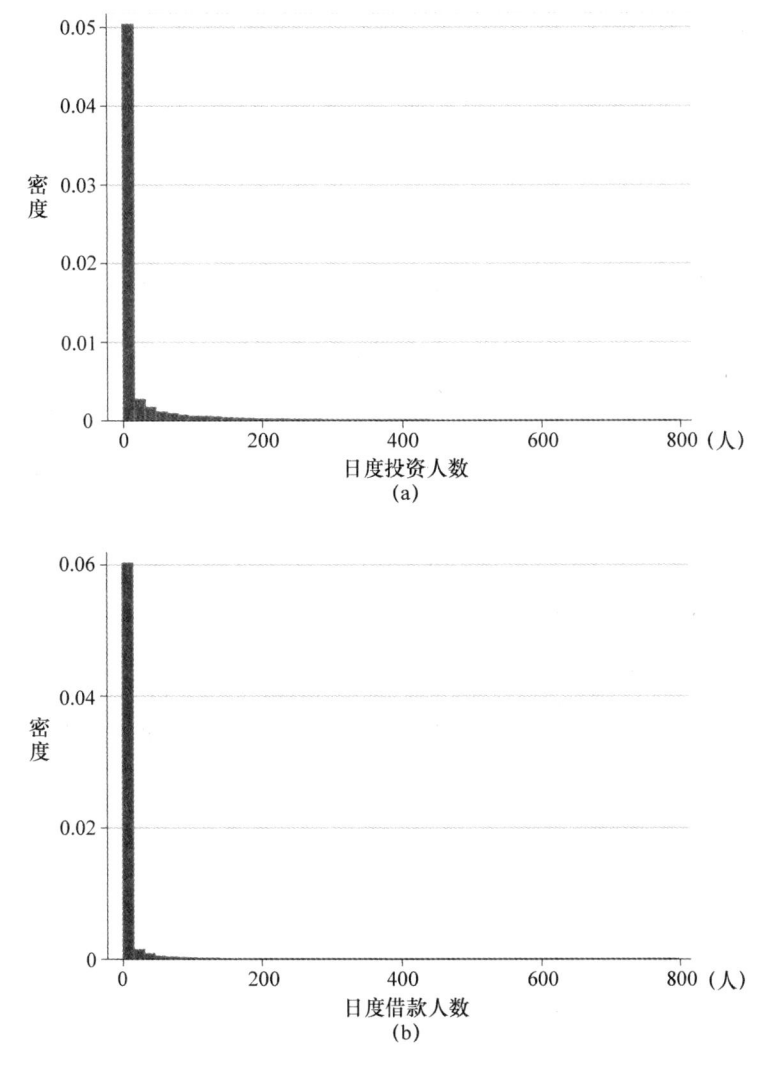

图 2-4 日度投资人数和借款人数直方

资料来源：网贷之家，笔者统计整理。

至于风控能力和数据分析能力，课题组前期的调研显示，不少网络借贷平台缺乏有效的贷前、贷后风控和数据分析能力。目前大多数网络借贷平台还不能调用央行征信系统数据，所谓"风控"至多也就是收集一些简单的个人信息，而拥有大数据以及相应数据分析能力的仅为少数头部平台。贷后缺乏合规的催收办法，要么由于单笔贷款规模很小，干脆不催收；要么实行野蛮催收。结果，越来越多本来不符合借款条件的人群进入市场，本来有偿还能力的部分人群也可能选择不偿还。

在上述三个条件都不满足的情况下还要继续撮合交易，网贷平台开始偏离信息中介定位，资金池应运而生。如图2-5所示，上例中五位投资人不必分别对每个标的作出投资决定，而是将自己投资于A、B、C的资金一揽子支付给平台，平台再将不同标的的资金汇集支付给借款人。这样，投资人不需要多次决策，在一次性还本付息也不存在逾期的情况下，使用资金池会使支付次数从30次下降为（5+3）×2=16次。

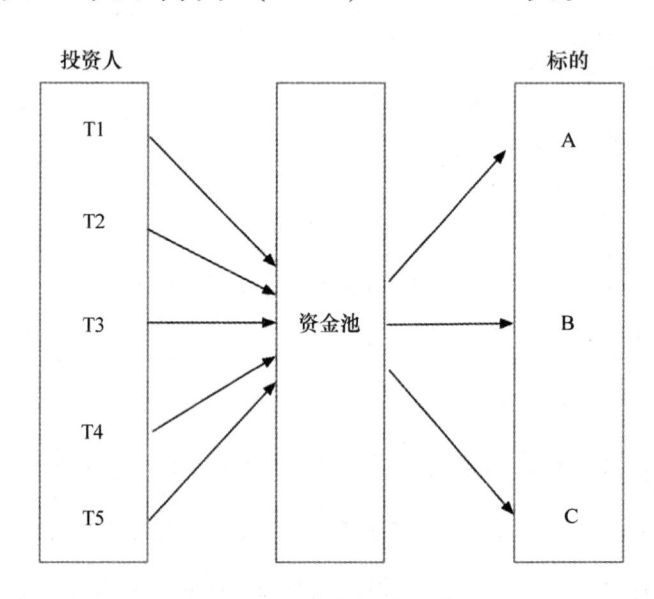

图2-5 资金池的形成

资料来源：笔者绘制。

资金池将个体与个体之间的直接借贷关系转化成借贷双方分别与平台间的支付关系，这一操作带来三大变化。

第一，投资人与借款人之间的现金流不再穿透。借款人不清楚投资人实际获取的投资利率、投资人也无法直接观察到借款人的实际还款。这为平台通过阴阳合同，在服务费之外赚取更多利润，甚至挪用客户资金提供了空间。

第二，自动投标异化。有了资金池，平台为投资人遴选资产而不是投资人自主选择就成为可能。由于决策并非投资人完全自主作出，那么要求投资人承担全部风险就不合情理。平台选择了对相关风险进行担保，以保证业务可以顺利展开的方式。这就走向了平台为投资人提供固定收益、自行担保相关风险的模式。

第三，债权转让异化为滚动募资。如果债权转让真的是在旧投资人和新投资人之间展开，那么新投资人与原来的借款人之间仍然是直接借贷模式。但是有了资金池之后，转让过程由平台完成，旧投资人、新投资人与借款人三者之间不再具有直接关系。这就逐渐演变成了滚动募资：投资人购买定期理财，将资金一揽子投放到 P2P 平台管理的资金池中；平台将这些资金自动匹配并放款给通过审核的借款人。定期理财到期后，如果投资人想提取本息或活期理财中的余额，就由平台将其名下的债权自动转让给新投资人，并将从新投资人处募得的资金转给原投资人。如果借款人违约，平台从风险备付金中先行偿付，并从借款人处追索本息。

一旦网络借贷平台不再是直接借贷而是间接借贷模式，就衍生出不少新的违规发展模式，如资产端对接金融交易所产品、融资租赁公司产品、典当行、保理公司、小额贷款公司等，直接融资服务的信息中介逐渐转变为影子金融机构。

如上所述，在宽松的监管环境下，网络借贷平台从信息中介开始出现异化，逐渐经营了多样金融产品。从2014年起，网络借贷平台重流量轻风控，数量出现爆发式增长（见图1-4）。

第一，平台对资金采取来者不拒的态度，投资者适当性甄别不足。此时大量普通投资人开始涉足P2P领域，他们将P2P当作高息的储蓄机构，购买平台发行的活期或定期理财产品。不少网络借贷投资人识别与承受相关风险的能力很弱。即便是2018年1月网贷之家发布的《投资人调查》也显示，超过90%的投资人将资金安全作为选择平台的重要标准，显示他们更多将识别风险的能力交由平台负责。

第二，平台重快速扩张轻风控的经营策略，导致不少不合格借款人获得资金。网络借贷行业进入门槛低，导致大批平台涌入。随着竞争的加剧，平台的借款人逐渐从相对优质借款人向不合格借款人蔓延；平台贷款业务也向自己不熟悉的领域拓展。一段时期内，一些平台的客户申贷通过率已超过50%，原先专注于小微企业主贷款的业务线开始涉足蓝领消费贷。借款人质量的恶化集中体现在2016—2017年现金贷的快速发展上。部分现金贷平台迅速扩大市场覆盖人群，向不具备偿还能力的人群包括缺乏稳定现金流的在校学生和没有固定职业者发放贷款，并容许甚至鼓励客户重复借贷。这些做法导致大批不合格借款人成功融资。

第三，多头借贷。由于获客成本高、投资人与借款人需求之间存在期限错配，平台需要不断吸引新投资人、发展新借款人来维持运营、赚取利润。在合格借款人数量有限的情况下，一些平台除了鼓励同一借款人重复借贷，还对多头借贷的现象采取容忍态度，导致多头借贷成为近年来的行业普遍现象。

本章的分析表明，中国网络借贷是在经济发展水平仍然较低、监管比较宽松、征信系统不完善、相关业务详细统计缺失、民众习惯刚性兑付的情况下，在大量个体投资人和大量个体借款人间展开的间接借贷业务。由于网络借贷支付成本高、不少平台没有足够多的投资人和借款人、大部分平台轻风控且大数据分析能力弱等因素，该行业开始出现资金池，拆标打包、自动投标和债权转让等原本可以提高网络借贷效率的方式出现异化，平台偏离信息中介定位，风险很大。

第三章　网络借贷的风险应对模式

由于网络借贷发展模式的异化，导致中国网络借贷市场存在较为复杂的多重风险，目前中国应对风险的模式还在不断探索的过程中。而个体网络借贷起源于英美等发达国家，互联网金融的经营模式在这些国家起步较早，英美等国监管部门在此过程中也积累了不少应对风险的经验，建立了较为成熟的监管体系。其中一些方法措施值得中国借鉴学习。

第一节　英国的风险应对模式

一　准入门槛方面

英国是世界上互联网金融高度发达的国家，全球首家P2P平台Zopa于2005年3月诞生在英国，其运营模式成为全球许多互联网金融公司效仿的对象。经过十余年的发展，英国已建立了全球公认的较为健康、稳健的互联网金融市场。有资料显示，2015年英国互联网金融行业规模已达32亿英镑，经营模式有P2P企业借贷、P2P个人借贷、票据交易、股权众筹、社区共享、养老金融资产等十多种。所以，英国也高度重视网络借贷的风险防控，注重互联网金融业务监管，它以政府监管和行业自律监管相结合的形式，保证网络借贷平台的平稳运营。2013年4月，英国新成立金融行为监管局（Financial Conduct Authority，FCA）和审慎监管局（Prudential Regulation Authority，PRA）。[①] 2014年4月，FCA发布实施了《关于网络众筹和通过其他方式发行不易变现证券的监管规则》，这是世界上第一个推出的互联网金融法规，提高了行业的准入门槛，明确要求公司实际控制人有较强的风险意识，入市公司必须有较强的经济实力和较强的抗风险能力；对于投资型众筹，规定投资者的年收入不能低于10万英镑，净资产必须超过25万英镑，且不能包括常住房产和养老保险金；投资者只有通过FCA或其委托机构的严格认证和审核后方能从业。这在一定程度上加强

[①] 英国金融行为监管局（FCA）与审慎监管局（PRA），于2013年4月成立。这两个机构取代了英国金融服务管理局（Financial Service Authority，FSA）的职能。FCA的职能是监督英国金融服务公司和金融市场的行为等；PRA的职能是监管银行、信贷、保险等领域的主要投资公司。所有在英国从事银行或者其他金融服务的英国注册组织都要接受这两个机构的监管。

了网络借贷平台风险源的控制。

二 信息披露方面

在网络借贷有效信息披露方面，英国实行信息定期报告制度。英国证券监管部门规定，网络借贷平台应定期报告运营数据，内容包括：平台财务数据、投资规模，投资者资金量、投资者资金持有量，投资者的投诉状况，已经处理的投资者投诉量，尚未处理的投资者投诉量，已经赔付和尚未赔付的投资者资金，以便投资者掌握平台风险状况；较大的网络借贷平台必须要按月报送客户资金表与资产收益率表，小型平台应每年报送上一年度的最高资金余额。所有平台每个季度都要向监管机构报送上一季度全部借贷的投资情况，如出借人数量、投资金额、无担保借贷比重、新增贷款的平均利率、上一季度的平均违约率等。同时，英国要求客户资金应符合《客户资产管理手册》（Client Assets Source Book，CASS）的监管要求，客户需要将资金存放于如银行这样的特定机构，平台若为客户在银行开设资金账户，必须得到银行的认可；网络平台自身的债务不能用客户在银行账户中的资金冲抵；平台运营要实行资金隔离管理制度，平台只有在按章程履行职责时，才能动用客户资金，否则不能随意使用客户资金。

三 保护投资者权益方面

英国是较早实行 P2P 行业自律监管的国家。2011年8月,英国成立了一个民间非营利性质的行业协会——P2P 金融协会,以图加强对 P2P 市场的有效监管。但近年,英国政府强化了中央银行的监管职责,扩大了其监管权限。从 2014 年 4 月起,英国的 P2P 行业正式划归金融行为监管局 FCA 监管。英政府还出台了系列旨在保护投资者利益的专门针对 P2P 平台的法规,内容涉及风险准备金、坏账率、信息公布、风险披露等。

英国监管法规给予网络金融投资者较大的自由度,允许其在特定情况下单方面解除合同,它规定:投资者可随时与平台签署合作协议,若投资者在两周内因故请求返还资金,平台则必须偿还;金融消费者在与平台签署合作协议的两周内,平台不得依据借贷协议进行投资。不过,若网络借贷平台存在次级市场,且投资者能够转让其借贷权益,则投资者不可以单方面解除合同。英国还建立了互联网金融争端解决机制和破产处理办法。监管法律规定,若出现金融消费者投诉,平台在收到投诉的 8 周内要完成初步审查,作出回应,并要将投诉细节、纠纷处理程序、处理结果公布;若投诉者对处理结果不能认可或接受,可继续向金融监察服务专员（Financial Ombudsman Service, FOS）[①]投诉，直到最终彻底解决纠纷。

英互联网金融监管部门还要求互联网金融平台制定好应对危机的相关预案，制定向出借人分配偿还资金、追踪延迟支付、防止违约支付的适当计划，使得平台面临风险时能够继续得到管理。平台还需要为客户设立一个新的银行账户，以储存未到期贷款的本息偿还；它还规定，网络借贷交易不能任意发生，借款未还清前不能发生新的借贷交易；投资者应付的资金管理费用可由贷款的收益来支付，但平台应依据合同，确保投资者的本金得到偿还。这些措施旨在保证风险事件发生时，金融消费者的损失能降到最低。

为降低风险，英国还通过 P2P 金融协会、众筹协会等专门的行业协会制定行业操作规程和相应的市场技术标准，规范行业行为。2012 年 6 月，英国 P2P 金融协会发布了《P2P 融资平台操作指引》，进一步强调要将客户资金和平台自有资本金隔离存放，分开管理；

[①] 英国的金融监察专员服务（FOS）制度，源起于 1981 年英国保险业自发组建的保险申诉专员署，后被其他金融领域效仿。根据英国相关法律，金融监察专员享有三类争议管辖权，即强制管辖权、自愿管辖权、消费者信用管辖权。FOS 可受理的争议范围基本上涵盖了整个银行、保险、投资业别的各项金融服务业务，包括银行、保险、养老金、储蓄和投资、信用卡和预存消费卡、分期付款和典当、财务顾问、股票和股权、单位信托、债券等。该制度是国外金融监管制度的一个较为典型的范本，在实践中受到了本国消费者和众多金融机构的广泛认同。

提出要建设安全可靠的 IT 系统、客户投诉渠道、应急响应机制，并通过恰当有效的反洗钱和反欺诈手段，遏制网络借贷平台风险的发生和传染。

第二节 美国的风险应对模式

一 准入门槛方面

20 世纪 90 年代，美国的互联网金融模式已呈多元化态势，以网络借贷平台为代表的互联网金融已形成较为完整的产业体系。但伴随互联网金融的爆炸式增长，这一行业时常发生丑闻。2016 年 5 月，美国 P2P 首创公司 Lending Club 被曝有 2200 万美元的贷款违规出售，该公司创始人兼 CEO Renaud Laplanche 因此被迫辞职，这导致该公司单日股价一度暴跌逾 35%，投资回报率也巨幅下降。这一事件的发生，引发了广大金融消费者对网贷行业的空前关注，美国财政部也开始关注 P2P 平台的监管。

事实上，美国证券交易委员会[①]（U. S. Securities

---

① 美国证券交易委员会（SEC）成立于 1934 年，总部位于华盛顿特区，在美国其他 11 个地区设有分部。SEC 是依美证券交易法成立的直属联邦的独立准司法机构，负责全美的证券监督，是美国证券行业的最高管理机构。其职责是监督证券市场有序运营，鼓励全面公开披露信息，维护投资者利益，保障投资公众不会因为证券市场的欺诈或操控行为而遭受损失。

and Exchange Commission，SEC）为防控互联网金融风险，对于互联网金融活动从一开始就设置了准入门槛。SEC将P2P平台界定为证券，此类平台需要注册成为证券经纪商才能从业，由于注册成本较高，这在一定程度上就阻止了不具备资质的潜在市场参与者进入互联网金融领域。SEC还将第三方支付平台账户中的沉淀资金界定为负债，联邦存款保险公司[①]（Federal Deposit Insurance Corporation，FDIC）要求将这些资金存放在对其开设的银行账户中，以利息来支付保费，并对银行实施严格监管。此外，美国有些州还要求P2P平台的投资者具备一定的财产资质，如稳定的最低收入、证券投资占资产的比重上限等，这都在一定程度上可提高P2P平台的债务偿付能力和抗风险能力，进而维护P2P市场的稳定。

二 信息披露方面

为防控互联网金融风险，美国监管部门采取的另一重要措施是强化互联网金融行业的有效信息披露。2016年5月，美财政部对P2P发出警告，首度明确要

[①] 联邦存款保险公司（FDIC），由美国国会决定于1933年成立，1934年1月开始提供存款保险。FDIC总部位于华盛顿，在纽约、波士顿、旧金山、亚特兰大、芝加哥、达拉斯、堪萨斯等地设有分支机构，是独立的联邦政府组织。其任务是为存款提供保险，检查和监督金融机构，接管倒闭的金融机构，维护美国金融稳定和公众信心。

求对网络借贷行业加强监管，要求P2P平台加强产品信息对于借贷双方的透明度，采用统一的行业标准和信息披露规则等。警告说，如果P2P平台的信息披露不能满足要求，将会被勒令关张；只有在信息披露，包括平台发行说明书等满足美国证监会（SEC）规定的条件，审核获得通过后，P2P平台才可能重新开张。所有P2P平台在注册时必须向公众全面公开注册信息，内容包括：公司背景、团队结构、运营模式、经营状况、潜在风险、风险应对措施、信用评价等级、投资组合模式等，此外还需要提供其他一些相关补充材料。同时，SEC还特别强调P2P网络借贷交易后续性的信息披露问题，它要求P2P平台必须动态、全面发布平台运行的具体细节，及时公布平台的财务状况、借款信息、发行的收益权凭证，并且还要公布收益权凭证风险、每笔贷款的具体信息，保证投资者对所发放贷款的状况有及时准确的了解。

依据交易数据，美国互联网金融监管部门还将P2P平台的贷款信息按各种标准进行了分类，如按风险将贷款递次分为七个等级；按用途分为个人消费贷款、小企业贷款、医疗贷款等多类。同时，它还要求建立借款者的信用档案，包括借款人的工作、收入、信用评级、借款额、借款次数，还款比例，信用卡的使用额度、信用卡额度，纳税状况，破产记录等，以此计算借款者信用评分，达不到最低分，贷款申请不会被接受；高于某个分值，则可以享受优惠利率。这种机制设计，使得出借人的投资风险和P2P平台的经营风险同时大大降低。

三 保护投资者权益方面

为维护金融消费者合法权益，美国金融监管当局也采取了系列举措。其将指导思想由"行业自律"转向"强制监管"，先后制定了一系列有关电子支付、网络借贷平台、非银行金融机构、网络金融服务的法律法规，特别是将监管的重点转移至交易过程而非从事第三方支付的机构。

美国十分重视对放贷者和借款者的保护，采取了诸多措施来保护放贷者的利益。一些州规定，个体证券投资者的证券投资占资产比重不得超过一定的界限；从事证券投资必须具备一定的财产，固定收入也需要达到规定的标准；放款人在网络平台上的放款额度不能超过其净资产的10%。同时，美国互联网金融监管部门还禁止非公平或欺骗性的贷款行为，禁止威胁性的收款方式，禁止网络借贷平台将借款人个人信息透露给无关联的第三方。该部门还设计了防止套用资金信息的程序，以保护借款者的隐私，并实现相关风险信息的共享，从而降低风险的发生概率。

第三节　风险应对模式的可行性分析

在借鉴英美等国监管经验的基础上，本节进行网络借贷风险应对模式的可行性分析。2016年8月发布的《暂行办法》明确规定：网络借贷信息中介机构不得直接或间接接受、归集出借人的资金，进一步明确其信息中介的定位。根据这个定位，平台理应仅仅是为有投资需求和融资需求的借贷双方提供一个信息交流的平台，本身不应有任何信用担保功能。但是，从网络借贷平台的演化过程看，目前中国网络借贷行业因为存在资金池、刚性兑付等现象，和监管期待的信息中介有一定距离。同时，中国网络借贷市场上存在多重风险，具体表现有：借款人信用不良或者多头借贷导致的信用风险；投资人因为恐慌而挤兑，资金的期限错配可能导致的流动性风险；平台运作不规范而被监管部门取缔的经营风险；不法分子利用网络借贷平台进行非法集资的欺诈风险；平台被黑客攻击或客户隐私信息被平台泄露的操作风险；平台与传统金融机构之间的一些合作模式，比如助贷和资产证券化，没有规范管理，从而导致网络借贷市场风险向正规金融体系传导蔓延而可能引发的系统性风险等。

给定不少平台偏离信息中介定位、隐含风险很大的现状，一个急迫的问题是：如果要回归信息中介定位，有哪些曾经采用或可以采用的风险应对模式？经过梳理，我们认为这些模式主要包括：无担保、平台自行担保、第三方担保公司担保、保险公司提供信用保证险、相互/互助保险和资产证券化。

一 无担保

第一种模式为无担保，就是指网络借贷平台不承担风险，所有信用风险由投资人承担。网络借贷平台需要做的是按照相应法律、法规和监管部门要求披露借款人信息、为借贷资产评级，供投资人评估资产质量。无担保模式是英美网络借贷平台中使用的主要模式之一。

二 平台自行担保

第二种模式是平台自行担保，这里又分两种方式，一是网络借贷平台明确向投资人承诺如果出借人出现逾期或者坏账，由平台负责本金垫付的做法。平台垫付本金模式的好处是让投资人感觉资金安全，弊端是这一模式将风险累积到网络借贷平台自身，一旦平台出现运营困难，就会使投资人的利益受损。因此，2016年8月的《暂行办法》指出平台不得"直接或变相向出借人提供担保或者承诺保本保息"，平台自担风险的模式走向历史舞台。

二是实质仍是平台自担风险的风险备付金模式。风险备付金（风险准备金、风险保证金）指平台先建立一个资金账户，当借款出现逾期或者违约时，平台用该账户的资金归还投资人的安排。这一账户的资金来源有三种：第一是借款人在借款时就提取一定比例放入该账户；第二是网贷平台专门拨出自有资金进入该账户；第三是与平台合作的机构提供的自有资金。

风险备付金的好处是能够增强投资者对于平台安全性和收益确定性的认可，但是实践中有几大问题：一是由于资金随时可以从平台被提取，难以真正保障投资者利益；二是无论资金来源何处，本质都是从平台利润提取，平台难免自身担保的嫌疑；三是无论是否有存管银行，这笔资金都有被挪用的风险。2017年12月颁布的《关于做好P2P网络借贷风险专项整治整改验收工作的通知》（以下简称《验收通知》）明确了平台使用风险备付金的模式与其信息中介定位不符，风险备付金模式走进历史。

三 第三方担保公司担保

第三种模式是由担保公司作为第三方担保。《验收通知》提到"各地应当积极引导网贷机构采取引入第三方担保等其他方式对出借人进行保障"，因此这是监管机构容许的处置风险的模式。担保公司分为融资性担保和非融资性担保。非融资性担保公司就是未取得《中华人民共和国融资性担保机构经营许可证》，实际在为法人及自然人提供业务的机构。融资性担保公司则是指担保人与银行业金融机构等债权人约定，当被担保人不履行对债权人负有的融资性债务时，由担保人依法承担合同约定的担保责任的行为。目前与P2P行业联系密切的是融资性担保业。如果网络借贷平台能够切实寻找到有专业识别能力的担保公司展开合作，这一模式的好处是可以为投资人提供相应的资金保障，但是现实执行中至少有如下三大困难。

第一，现有融资性担保机构的金融产品增信业务主要是对债券、信托计划、资管计划、资产证券化、保本基金等产品的担保，特别是对债券的担保，担保公司对于网络借贷产品相应的担保业务不熟悉。

第二，融资性担保市场目前集中在对债权的担保，对网络借贷产品担保的市场容量目前不大。从集中度来看，2017年年末，债券市场份额排名前五位的担保机构分别为中合担保、中债增、中投保、重庆三峡担保和中证增，前十大担保公司占市场份额的比重为87.02%。要发展对网络借贷产品的担保，需要扩大原有的市场容量。

第三，从2017年8月国务院颁布的《融资担保公司监督管理条例》（以下简称《条例》）看，政府致力于控制担保行业风险，开始引导担保机构向传统贷款业务回归。在服务群体和领域方面，《条例》强调将推动建立政府性融资担保体系，发展政府支持的融资担保公司，建立政府、银行业金融机构、融资担保公司合作机制，扩大为小微企业和"三农"提供融资担保业务的规模并保持较低的费率水平。换言之，为网络借贷行业大规模提供担保并不是国务院鼓励的融资性担保行业发展的方向。

给定担保市场覆盖网络借贷市场需求的能力不足；网络借贷并非担保公司主业，因此担保业务能力不足；以及目前相关政策鼓励担保行业回归传统业务的背景；头部担保公司对于和网络借贷平台的合作意愿不强。虽然有愿意合作的第三方担保公司，但是他们未必有足够实力覆盖相应风险。因此，从担保合作的具体执行看，不能排除网络借贷公司为达到监管要求而与第三方担保公司签订担保协议，但实质上或者"担而不保"，或者是网络借贷公司将一部分资金转移给第三方担保公司，进行变相自行担保。

四 保险公司提供信用保证险

缓释网络借贷风险的第四种模式是选择保险公司为P2P平台或其投资人提供保险服务。2016年8月

《暂行办法》表明，银监会允许网贷机构与保险公司合作，因此这也是目前为止监管部门容许的模式。保险公司和平台合作中最主要的业务是提供对投资人进行本息保障的信用保证险。但是2017年7月，保监会下发《信用保证保险业务监管暂行办法》，对保险公司服务网络借贷行业的行为作出规范，显示出监管部门对保险公司参与网络借贷行业持审慎态度。

首先，《信用保证保险业务监管暂行办法》要求险企不得与存在违法违规行为或正在整改的网贷平台开展信保业务。目前有信用保证险的网贷平台数量占比仅为1%左右，并且这些合作平台中，不乏私募债产品通过拆分以公募形式出售，或者表面是分散投资人实则超级债权人的债权转让等违规模式。[①] 因此，在现有框架下，平台希望先和保险公司合作、实现合规目标这一路径缺乏可行性。

其次，比照《暂行办法》，《信用保证保险业务监管暂行办法》在具体业务上设置了明确的"限额令"。即汽车抵押类或房屋抵押类贷款保证保险业务，单户投保人为法人和其他组织的自留责任余额（保险额度）不得超过500万元，单户投保人为自然人的不得

---

① 肖乐：《引入第三方担保难规模化 网贷平台要靠金融科技壮大》，2018年2月12日，每日经济新闻（http://tech.sina.com.cn/i/2018-02-12/doc-ifyrkzqr2158340.shtml）。

超过100万元；其他信保业务，单户投保人为法人和其他组织的自留责任余额不得超过100万元，单户投保人为自然人的自留责任余额不得超过20万元。因此，对于仍有存量大单业务的网络借贷平台而言，限额令导致相当部分的网贷风险不能被缓释。

最后，即便保险公司可以与网贷企业合作，保险公司往往只会覆盖平台优质资产而不是平台所有产品。因此，即便有保险公司参与服务，劣值资产的相应风险仍然需要平台自行兜底。

五 相互/互助保险

第五种模式是借款人的相互/互助保险。这一模式在欧美被运用到P2P领域。具体而言，每个借款人通过社交功能自行选择互相分担风险的成员，并缴纳一定金额给专注P2P业务的保险公司（如德国的Friendsurance，美国的Gather）。如果有借款人出现逾期或者违约，给投资人的赔付金额首先由与之建立互助联系的出借人的缴纳金额中出，不足部分按照事先约定部分或者全部由保险公司补齐。如果没有人出险，那么小组成员会拿回部分费用或留到下一年。

这一模式有如下几个主要特点。第一，利用社交网络信息，借款人自愿选择愿意互相担保的对象。第二，借款人与保险公司而不是与平台签订合同，出现逾期或者违约之后承担风险的是事先约定的借款人和保险公司，这一过程和平台资金往来无关。第三，这一模式在欧美也属小众，着重的是财产险，而不是欧美网络借贷贷款的主流（消费贷和企业贷）。

这一保险模式并未被监管部门禁止，但是如果要用于缓释网络借贷平台的风险，不至于形成新的资金池，还需要有持有相互保险牌照的保险公司与借款人之间签订保险合同。目前批准持有相互保险牌照的企业较少，执行需要银保监会的审批。

我们认为，可以容许对相互保险或者互助保险等新模式进行探索，但是实施中需要注意几项挑战。首先，这一模式在英美等发达国家主要用于财产贷等领域，并非缓释网贷风险的主流模式，如何运用到消费贷还需要进一步开发相关产品。其次，在执行中这一模式不易区隔平台与借款人，要防范平台代替借款人做决策，出现新的资金池。最后，相互保险牌照的数量比较稀缺也限制了这一模式能够吸纳的互金借贷风险。

六 资产证券化

第六种模式是资产证券化，这是在欧美等发达国家网络借贷平台在信息中介定位下，除了投资人自行承担风险之外，最主要的网络借贷风险处置模式。由于资本市场比较发达，近年来资产证券化的规模在欧美网络借贷市场获得较大增长。例如，根据 PeerIQ 的统计，2017 年第一季度美国网络借贷市场资产证券化规模达到 30 亿美元，约是 2016 年的两倍；第二季度规模也达到了 30 亿美元。[①] 在英国，网络借贷资产证券化业务也有所展开（如 2016 年 4 月 Funding Circle 的相关业务）。网络借贷资产证券化业务在欧洲市场也有所开展，但是目前仍然存在争议，主要是对于如何生成资产证券化相关产品以及信息披露、风险存留等方面仍然存在监管方面较大的不确定性。

网络借贷资产证券化的好处是通过将不同风险收益登记的产品打包出售，能够帮助平台实现风险转移。近年来，中国互联网金融行业开始涉足资产证券化的尝试。从 2017 年发行数据来看，小额贷款 ABS 中绝大多数为大型互联网金融公司旗下相关小贷企业发行的消费金融 ABS，发行规模占比超过 90%。

但是，通过资产证券化来分散网络借贷风险、保障市场发展，还需要长时间的培育。这首先是因为资产证券化对基础资产的质量以及对信息披露、风险存留等都有较高要求，而现有国内的网络小贷资产证券

[①] 2017 Recap: Marketplace lending movement, New Highs in Securitization volumes, Big Players Enter P2P space（https://www.pmifunds.com/2017-recap-marketplace-lending-movement-new-highs-securitization-volumes-big-players-enter-p2p-space/）.

化模式往往有补充条款，使得在底层资产出现违约或者坏账的时候，由小贷公司实质上承担相应风险。鉴于ABS在网络小贷中可能引发的风险，2017年12月初，央行与银监会联合下发的《关于规范整顿"现金贷"业务的通知》明确要求，网络小贷放贷杠杆率要表内、表外合并计算；信贷资产转让、资产证券化等名义融入的资金应与表内融资合并计算，合并后的融资总额与资本净额的比例暂按当地现行比例规定执行。

在大型互联网金融公司旗下的ABS产品都包含较大风险隐患而被监管部门限制其发展规模、要守住不触发系统性金融风险底线的背景下，在网络借贷资产证券化在欧美等发达国家也还处在起步阶段的国际环境下，监管部门容许网络借贷行业进行大规模资产证券化的可能性较低、依靠这一途径来缓释风险的可能性较小。

在本节我们探讨了缓释风险的六种模式，并在表3-1中总结了这些模式的可行性。在信息中介定位下，已经明令禁止了各种形式的平台自行担保。在理想状况下，第三方担保公司担保、保险公司提供信用保证险可以帮助缓释网络借贷平台风险，但是因为各自特色和相关规定，这两类方式当前尚不足以缓释全行业风险。相互/互助保险是一种可以探索的模式，但实施需要相关牌照，还要防止出现新的资金池。资产证券化这一模式在资本市场比较发达的英美等国也在探索和初步发展中,对仍是发展中国家的中国而言,采用该模式缓释网络借贷风险的可能性较小。

表 3-1　　　　　风险缓释模式、特征及可行性

风险缓释模式	特征	可行性
无担保	由投资人自行承担风险	符合信息中介定位
平台自行担保		
《暂行办法》禁止	平台明确自己担保	平台负责为投资人风险进行赔付
《暂行办法》禁止	风险备付金	平台预留资金作为保障
第三方担保公司担保	由第三方担保公司担保	《验收通知》鼓励,但可能变成变相自行担保
保险公司提供信用保证险	平台向保险公司购买履约险等	监管部门容许,但是银保监会监管条例给予空间有限
相互/互助保险	借款人之间互为保险	监管部门未禁止,但业务模式仍需探索
资产证券化	将资产打包、分级出售	存在符合信息中介定位的可能,短期可行性低

资料来源:笔者整理。

从国际经验看,在信息中介定位下,网络借贷无担保或者通过资产证券化分散风险是主要模式。由于中国资本市场不发达,资产证券化模式在中国可行性低,而上述分析表明不同的风险缓释模式很可能不足以分散全行业面临的风险。换言之,要让1000多家平台在短时间内消化存量违规项目、实现向纯粹信息中介的转换,难度很大。

第四章 构建风险缓释机制的对策建议

第一节 网络借贷市场的前景

在探讨风险缓释机制的构建之前，需要首先探讨的是整个市场的前景："普惠"和"普骗"，谁是网络借贷主流？我们认为，在高度关注互联网金融风险、打击基于互联网的金融诈骗行为时，不可忽视的是当初那些推动网络借贷行业快速发展的驱动力仍然存在：例如，中国零售贷款渗透率约20%，为全球最低的国家之一；中产阶级有强烈的金融需求未被满足等。课题组成员的研究表明，互联网金融的发展切实支持了实体经济，这一作用主要是通过鼓励个体和小微企业的创业来体现。因此，需要着重清理的是那些打着网络借贷之名行庞氏骗局之实的平台；挤占市场、抬高全行业的成本，也阻碍网络借贷市场的正常发展的劣质平台，不宜为了防范风险而忽略网络借贷对经济发展的正面作用，对平台采取一刀切措施。

第三章的分析表明，让中国网络借贷平台采取纯粹信息中介的定位难度很大。事实上，因这一定位无法落实，2015年网络借贷指导意见和征求意见稿出台后网贷平台继续野蛮生长。而根据课题组成员对美国金融科技公司的调研，即便是美国的头部平台，纯粹信息中介的定位也存在极大挑战。一方面，平台提高信息采集的成本、筛选出高质量的投资项目，实质是为借款人提供了增信服务，但是由于只收取固定交易费用，平台难以为这一服务对不同投资人采取差别定价。另一方面，作为信息中介，平台不需为项目违约或发生风险承担损失，也让平台有动机去降低风控成本、扩大交易量，从而可以收取更多的交易费用。

我们认为，既然市场前景广阔，网络借贷对于切实支持实体经济发展有正面作用，着力点就应是如何让其健康有序发展而不是让它萎缩。值得注意的是，只要不存在资金池，自动投标、债权转让等工具仍然可以在提高资金配置效率、更好地服务中小微企业和个体消费者方面发挥很大作用。因此我们认为，要结合中国实际，让网络借贷平台成为中国特色的信息中介，而这一定位的底线，是没有资金池但是有强大的风控能力。

要实现上述目标，就要从短期如何消化存量和长期如何让平台健康发展两个角度，讨论风险缓释机制的构建。短期内，要防范年度交易量近 3 万亿元、贷款余额过万亿元的网络借贷市场出现大规模的风险爆发，首先需要对市场结构有更深入的观察。

我们在图 4-1 计算了交易量的市场集中度，即分别计算交易量最大的前 10、20、50、100、150、200 家平台在 2018 年 2—4 月交易量占总交易量的比重，并计算这些平台在这三个月的投资人总数和借款人总数的市场集中度。这三个月的总交易量约为 5336 亿元、投资人约为 1401 万人、借款人为 1963 万人。

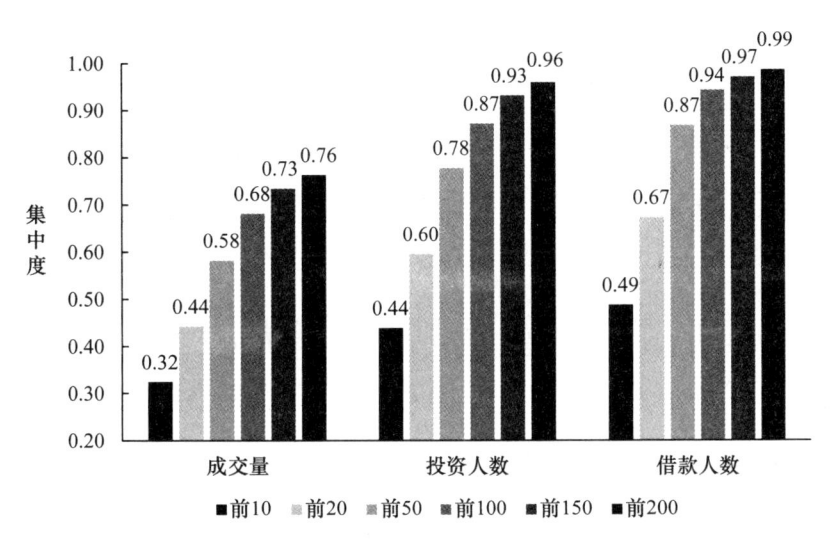

图 4-1 市场集中度

资料来源：网贷之家，笔者计算整理。

由图 4-1 可知，前 10 家平台集中了总交易量的 32%、投资人数的 44% 和借款人的 49%；对前 100 家平台这三项指标的集中度分别是68%、87%和94%。交易量在前100—200家平台的交易量占比为8%,投资人占比为9%,借款人占比为5%。可见中国网贷市场集中度很高①。高的市场集中度意味着,虽然有近2000家平台正常运营,但需要重点监测的是其中的1/10左右。

其次,还需要从那些导致平台异化为影子金融机构的因素着手,去理解去除哪些障碍后市场可以健康运转。支付费用高、平台过度竞争导致可以匹配的投资人或者借款人虽然数量大但是在具体平台人数不足、监管宽松导致数据分析手段风控能力不到位的平台也可以赚钱等,是其中一些主要因素。

第二节 消化存量,缓释风险的短期举措

前文和本章对市场集中度的分析表明,中国网贷市场良莠不齐。虽然存在打着互联网金融旗号的"普骗",也确实有头部平台运作相对规范,应为其留下合规和发展空间。我们建议,对目前的近2000家平台应分类处

---

① 网贷之家的数据有些有API接口而有些由网贷之家直接爬取(主要是小平台)。因此有可能造成投资人和借款人数被低估,从而导致前200家平台的投资人和借款人集中度被高估。但是,给定这样的平台规模较小,即便排名最后的投资人和借款人占比能达到前100—200家平台的水平,即投资人和借款人占比被高估5%—9%,市场集中度仍然很高。

理：取缔一批不合规、没有发展前景的平台；制定风险预案、妥善处置已经或者将要暴露风险的平台；建立风险预警机制，及早识别存在高度风险的平台。

一 设立准入门槛，要求平台持牌经营

互联网金融的业务本质是金融，这一点在今天已基本取得共识。作为本质为金融的业务模式，网络借贷应当受到严格的监管。中国网络借贷的业务有跨区域、跨行业，风险传导既快又广、网络借贷参与者识别与承受风险的能力比较低等特征，仅采取备案管理不足以缓释网络借贷风险，理应设立准入门槛。

设立门槛的一种可能是考虑给网络借贷平台发放类银行牌照。这一点在英美等国也有所探索。例如，2016年，美国货币署（Office of Comptroller of Currency, OCC）提出向金融科技公司发放银行牌照的草案，但是目前为止这一草案尚未通过。2017年，美国有两家金融公司向联邦存款保险公司（FDIC）申请行业贷款公司牌照（Industrial Loan Companies, ILC）。ILC应当获得存款保险，但是并不按照银行模式来监管。[①] 目前，国际上尚没有给网贷平台发放类银行牌照的先例。

---

① Kevin Petrasic, Benjamin Saul, Helen Lee, Max Bonici: Fintech Companies and Bank Charters: Options and Considerations for 2018 (https://www.whitecase.com/publications/alert/fintech-companies-and-bank-charters-options-and-considerations-2018).

在中国给网络借贷平台发放类银行牌照更有可商榷之处。一是如果发放类银行牌照，等于承认平台是信用中介，这是重大定位转换。二是网络借贷与正规金融的关系问题。网络借贷应是现有正规金融的有益补充，如果获得牌照成为"正规军"，平台是否会放弃服务现有群体，是否会放弃缓解中小微企业"贷款贵、贷款难"问题、为个人提供恰当的金融服务定位，进而和正规金融形成竞争关系，就存在未知数。

另一个思路是，网络借贷作为匹配资金供给与需求的特殊信息中介，其业务具有鲜明的金融属性，可以发放"网络借贷信息中介牌照"，让符合监管要求的平台可以持牌经营。监管部门应该明确牌照发放门槛（如实缴资本金限额、较强风险甄别能力等），给符合资质的公司发放牌照。其中，最核心的是网络借贷平台的风险定价、甄别能力，即风控能力。如果平台没有有效的风险控制部门、不足以证明自己的风控实力，就不应获得牌照。另外，对于无牌照仍然执业的公司，就应该坚决予以取缔，以严肃监管纪律，避免有法不依。

当然，给符合资质的平台发放相应牌照对监管部门的行政能力和行政资源提出了更高的要求。应考虑增加监管部门的编制和经费，让监管部门能在通过监管来支持金融创新方面着力。

二 建立网贷准备金制度

一方面，虽然现有监管办法认定风险备付金的做法不合规，但是不合规的主要原因是如果企业自行控制备付金金额，难免出现宣称有备付金，但实质具体资金额由企业自行掌控的现象。由于存留的这部分资金不能用于产生利润，网络借贷平台有减少备付金金额的动机，导致在项目出现逾期或者风险的时候不能达到缓释风险的作用。

另一方面，平台为可能的逾期或者风险提供一部分垫付，和投资人一同分担相关风险，对于保障平台致力于寻找高质量的借款人具有约束作用，这一机制本身不必否定。可以要求网络借贷平台从收取的服务费中，根据贷款余额和新增贷款，按一定比例提取风险准备金，并将这笔资金作为运营成本的一部分，存放在相应监管部门。当出现可能导致平台成为问题平台的严重资产违约风险时，由平台申请从监管部门计提，监管部门批准后平台可以使用资金，监管部门监督资金的使用方向，以便在出现风险时为投资人提供合理保护。

需要强调的是，网贷准备金是在可能出现导致平台倒闭或者跑路的严重的资产违约风险时，为投资人提供投资金额的一部分保护以缓释风险的资金。设立该制度并不表示支持平台继续对投资人作隐性刚性兑付的承诺，投资人仍然是承担投资风险的主体。

三 落实资金存管

落实资金存管，是指在存管银行，网络借贷平台至少要设立投资人、借款人和平台自身子账户，网络借贷的所有资金往来不再经过第三方支付公司而是经由存管银行完成。资金存管一旦落实，至少有三个好处。第一，过去平台必须经过第三方支付公司完成借贷双方小额、分散的大笔支付，现在支付是在存管银行内子账户的互转，可以大幅度降低支付成本；第二，资金来源和去向清晰，平台出现挪用资金的行为有迹可循，增大了挪用资金的难度，是防止产生资金池的有效措施；第三，由于监管要求网络借贷要有小额、分散的特点，通过对投资人信息或借款人信息造假的方式来骗取资金甚至平台卷款跑路的难度大增，可以减少平台内部监守自盗的操作风险。落实资金存管也是国际上采用的避免资金池、防止资金挪用的措施。例如，2012年6月，英国P2P金融协会发布了《P2P融资平台操作指引》，强调要将客户资金和平台自有资本金隔离存放，分开管理。

截至2018年3月底，有946家平台宣布实现资金存管，共涉及65家银行，即平均每家银行为15家平台提供资金存管。其中,接入平台最多的4家银行共存管了367家平台的资金。课题组调研中发现,由于一些网络借贷平台的存管银行系统无法承受平台交易量级的支付往来,不少平台在接入资金存管之后采用双系统,即仅有部分业务经过存管银行的支付通道,而大部分业务仍然按照过去的模式使用第三方支付系统。[1] 也有一些平台参与存管银行的存款系统建设,才实现了资金存管。虽然存管银行建设存管系统需要适当听取网络借贷平台的意见,但不应由存管平台在建设存管系统中担负主要责任,否则资金存管的作用比较有限。[2] 因此,要切实落实资金存管制度,需要对存管银行资质作出全面评估,让有资质的存管银行参与相应存管服务。对那些"存而不管""部分存管"和无法合适存管银行、实现全部资金存管的平台,不应考虑发放牌照。

四 设立风险处置预案

如前所述,目前网络借贷平台的风险还在不断暴露的过程中,所以对于相当一部分将要推出市场的平

---

[1] 第一网贷:《全国 P2P 网贷平台银行资金存管大数据》(www.p2p001.com/Netloan/shownews/id/18075.html)。

[2] 华夏时报(北京):《部分银行"存而不管"上线银行存管的问题平台已达32家》(http://money.163.com/18/0305/11/DC4O9ANQ002580S6.html)。

台，要在市场化、法治化原则下，建立相应风险处置预案。目前，问题平台主要分为停业、转型、跑路、提现困难、经侦介入五种类型。监管部门需要对不同类型问题平台有对应处置预案。根据国际经验，处置预案至少要有以下要件。

第一，要有明确的处置机构，并赋予机构有效的处置工具。目前，公众知道在平台出现跑路或者经侦介入时，处置当局主要是公安部门；但是对其他形式的问题平台（停业、转型、提现困难），处置主体是谁并不清楚，这就导致即便公众发现问题，也不能立即寻求帮助。另外，如果自己投资的平台出现风险时投资人并不清楚如何追回损失，那么投资人就更容易因为恐慌而产生挤兑，引发流动性风险。因此，在平台出现跑路等风险完全爆发的状态之前，处置机构应明确处置规则，例如平台出现资金困难需要停业前多长时间内必须向处置机构如实报告本机构情况；平台出现停业或者提现困难多少天之后，处置机构将采取接管、实体处置不良资产等措施。

第二，平台有及时、充分、全面向处置机构报告风险处置预案的义务。平台应设立风险处置预案，并评估本机构承受风险的能力和程度。在出现提现困难等仍然可能有希望恢复正常营业的情况下，及时向监管部门报告。现实中，由于平台借贷信息不清晰，甚至存在借款人宣称自己是投资人，不仅赖账还要求归还资金的现象。因此，平台应将本平台的投资人、借款人信息与处置机构共享，要确保监管部门及时掌握真实信息，争取时间，以实现处置时机与处置策略的最优化。

第三，明确问题平台的债权债务关系仍应存续、借款人不得逃废债，否则记入借款人征信记录。北京大学数字金融研究中心的课题发现，当监管趋严、市场情绪变差的时候，存在现有借款人逾期率上升、新借款人质量下降的现象。这表明有一批借款人期待平台倒掉、让自己不必再还借款。另外业界实践表明，有平台借款人发现平台有违规行为，于是集体举报平台，导致平台迅速成为问题平台，由此希望不必还贷。只有借款人明白逾期或者不还的信息会计入征信，才可以增加坏账成本，遏制借款人恶意违约的趋势。

五　建立预警机制

如何取缔平台、如何识别和处置问题平台并对正常运营平台进行检测，都需要有建立在全面及时的数据基础上的预警机制。由于市场集中度高，可以考虑建立以前150（或前200）家平台为重点监测对象的风险预警平台。北京大学数字金融研究中心采用2013年到2016年年底的网贷之家的日度数据建立起预警模型，并用该模型预测2017年10月之前出现的问题平台，获得较高预测准确率。具体而言，该研究发现，将所有平台的投资利率按照从高到低顺序排列，将上5%和下5%区域作为问题区域，中间90%作为正常区域作监测，如果平台投资利率高于或者低于这个正常区域，就记作异常。然后，观察平台出离正常区域的时长和次数。该研究发现，在样本观察期内，新增问题平台的投资利率更可能长期脱离正常区域；出离正常区域的次数也更为频繁；交易量更少；平均周投资笔数仅为正常运营平台的1/10；平均贷款期限也远远短于仍然正常运营的平台，并且注册在三四线城市的比例更高。

基于上述研究，监管部门可以和互联网金融协会合作，要求其会员单位每日上报综合投资利率、交易量、交易笔数、贷款期限等数据，对于每个指标按照从高到低的顺序排列，如果平台有一项指标超出正常域则亮一盏红灯。这样就可以根据亮红灯的盏数、时长、频率等，确立应当监管干预级别，提前防范风险。

第三节 平衡监管与创新，缓释风险的长效机制

从发展的角度看，除了短期内处置存量风险外，

重点在于如何建立长效机制,确保行业健康有序发展。可以借鉴欧美等国网络借贷信息中介平台运营模式中的一些成功经验,并结合中国国情,制定相应策略。我们的具体建议如下。

一 加强互联网金融基础设施建设

网络借贷主要风险之一是借款人的欺诈风险与信用风险。中国网贷借款人群中年轻、收入水平较低者占较大份额,由于缺乏完善的征信系统,借款人违约成本低,多头借贷、违约猖獗。网络借贷市场已有两千万左右的借款人,目前尚无法接入央行征信系统。要解决这个问题主要有两个路径,一是让资质良好的网络借贷平台接入央行征信系统;二是加快对网络借贷征信系统的建设。

中国目前的征信系统没有FICO那样的评分体制,容许平台接入征信系统的主要功能是将出现逾期或者不良的借款人信息上传,遏制有"借银行的钱得还、网上借的钱不用还,因为没有征信"这类想法的借款人。2018年1月成立的百行征信将注重为网络借贷公司提供个人征信信息。目前需要尽快公布收集哪些个人信息、如何采集、信息数据的算法比重如何分配;如何甄别数据源的真实性、及时性与恰当性的细则,并推动这些细则尽快落地,实现真正的信息共享与互联互通。

互联网基础设施的完善对于降低支付成本至关重要，因为高昂的支付成本是平台出现资金池的重要原因之一。最近，有银行暂停了P2P的快捷支付，这一安排固然可以防止恶意自动划拨借款人账户资金的平台卷款，但也导致自动还款不能实现后、借款逾期率有所攀升，导致平台发现支付成本不降反升的情况。可以预见的是，这一局面没有改观，平台就很难脱离资金池。因此，为降低平台支付成本，过渡期内对于资质良好的平台仍应开放相关通道。当然从长期看，加快落实资金存管才能从根本上降低支付成本。

所以，对互联网金融基础设施建设的建议主要是两点，一是建立并完善网络借贷征信系统，容许资质良好的平台接入央行征信；二是采取适当措施，降低网贷平台支付成本。

二 强化平台信息披露管理，"谁发布信息，谁承担责任"

平台作为信息中介运作后只收取服务费而不是利息，并不表示平台就因此可以对信息质量不负责任。信息披露质量是平台生命线，从源头防范借款人的欺诈风险离不开高质量的信息披露管理。英美等国都十分重视网络借贷平台的信息披露，都有详尽的信息披露规定（见第三章）。例如，在美国，如果 P2P 平台的信息披露不能满足要求将会被勒令停业；直到整改后信息披露程度满足美国证监会（SEC）规定的条件并审核获得通过后，P2P 平台才可能重新开张。要缓释风险就要强化信息发布的法律责任，从源头避免虚假信息充斥平台，保证投资者对所发放贷款的状况有及时准确的了解。

2017 年 8 月银监会颁布《网络借贷信息中介机构业务活动信息披露指引》（以下简称《信批指引》）后，网络借贷平台信息披露程度有较大提升，但仍需要从至少三个方面强化管理。第一，披露要全面。据网贷之家统计，根据《信批指引》，网贷平台必须进行信息披露的指标总数为 56 项，信息披露最全面的前 100 家平台信息披露中，最全的为 53 项，第 100 名为 37 项，说明有 1700 多家平台的信息披露没有达到监管要求的 2/3。第二，披露要及时。大部分平台运营信息严重滞后。第三，信息披露要到位，例如目前借款人信用状况披露严重不足。可以考虑将信息披露充分、全面、合规作为发放牌照的必要条件；而在后续经营中，信息披露不及时的平台，监管部门也可要求其必须整改合规才能继续营业。

三 在合规的前提下容许平台以多种方式分散风险

目前监管部门明确允许的是第三方担保，但是根据前面的分析，单一模式未必能有效覆盖目前市场的风险。用购买信用保证险来分散风险的根本问题是目前银保监会相关管理文件要求保监会只有与获得备案的平台才能展开相关合作。这就产生了"鸡生蛋、蛋生鸡"的问题，即没有获得备案就无法购买相应保险，而没有保险来覆盖相应风险又无法获得备案。为解决这个困境，可以容许网络借贷平台与保险公司就特定产品签订意向性协议，使监管部门在考虑是否备案时，将上述协议考虑在内。一旦备案通过，则该协议可以生效。

另外在信用保证险之外，探索容许采用相互保险来分散风险的可能性。可以考虑借鉴他国经验，由投资者邀请自己熟知的具有相同P2P投保需求的人，与自己共同组成保险小组。并将保费也分为两部分，一部分用于保障投资者资金，另一部分则形成专门的回报资金池。这样，没有出险时客户可获得一定投资回报，出险时也可避免保费不足的问题。当然，这一举措需要持有网络相互保险牌照的企业与平台（或平台投资人、借款人）合作，避免平台借"相互保险"之名、行非法经营之实。

四 强调投资者适当性原则，加强投资人审核与投资人保护

有一种看法认为，网贷行业的资金来源端信息透

明、风险较小，因此不应是网贷行业风险监测的重点。本研究表明，中国网络借贷投资人群有三个特征：人数众多，收入处于中低水平多、习惯刚性兑付者多。一旦爆发一些风险事件导致投资人恐慌，就容易触发流动性风险。英美两国这方面风险相对较小，其中美国主要是机构投资人和合格投资人，他们识别风险和消化风险的能力较强。英国虽然以个体投资人为主，但是这一人群比中国更为年长、收入水平更高。

要防范投资人恐慌导致的流动性风险，应强调投资者适当性原则，其基本目标是将适当的借款标的匹配给适当的投资者。美国的网络借贷就很重视投资者适当性原则，主要投资人是机构投资人和合格投资人。个人如果想成为投资人，网络借贷平台会有详细的甄别步骤。例如，一个潜在投资人想在 Lending Club 或 Prosper 投资，他打开借贷平台主页后，不会立刻看到标的和回报率的信息。他将被引导，只有在提供了姓名、邮箱、地址、电话、社会安全号码、银行账号、收入水平等诸多信息之后，才有可能看到具体标的。如果上述投资人信息缺少任何一项都无法进入下一个页面，也就无法进行投资，这就将一大批不合格投资人排除在外。美国相关法规还规定，网络投资额上限不得超过个人净资产的 1/10，潜在投资人在提供收入信息之后，就不会看到高过自己投资上限的标的。

目前，中国网络借贷平台对投资者适当性原则的执行不够深入。打开某头部平台网站，"投资者教育"用很小的字呈现；在风险提示部分，简单写着"您确认已经知悉网络借贷活动的风险，保证不存在从事网络借贷活动的禁止性行为，承诺具备与参与网络借贷活动相适应的投资风险意识、风险识别能力、拥有非保本类金融产品投资的经历并熟悉互联网，承诺自行承担借贷产生的本息损失"，但是并没有进一步评估投资人是否有非保本类金融产品投资经历，也没有要求投资人手动抄写承诺自行承担本息损失等确保投资人知悉相应风险的确认步骤。其他头部平台的投资者风险提示部分也类似。如果平台将大量高风险的借款人匹配给风险承受力非常低的投资人，这就是非常不负责任的行为。

要执行投资者适当性原则，平台需要先评估投资人、再给投资人匹配借款人。监管部门可仿照《证券期货投资者适当性管理办法》出台《网络借贷投资者适当性管理办法》，从投资者资质、投资者资产、投资者经验等角度界定投资者适当性的相关标准。这样，才可以为平台评估投资人的投资风险意识、风险识别能力和风险承受能力提供依据，避免平台向风险承受能力不足的投资者推介高过其承受能力的借款项目。

五 制定统一标准，建立及时、全面的网络借贷统计数据库

目前网络借贷官方统计工作推进存在不少困难，其中以没有统一标准最为突出。例如，目前各平台的逾期率标准并未统一，这导致不同平台间的数据不具可比性，建立预警系统时就缺少可靠抓手，导致难以公平评估平台表现，难以评估中国网络借贷对实体经济的支持力度，也不容易将中国 P2P 发展状况在国际所处位置作出详尽全面的评估。

2018 年 4 月 9 日，国务院办公厅下发的《关于全面推进金融业综合统计工作的意见》中明确提出：建立地方金融管理部门监管的地方金融组织和互联网金融机构统计，全面加强对风险防控薄弱环节的统计监测。互联网金融首次被纳入金融业综合统计，中国网络借贷统计落后的状况随后应有所改观。

在数据统计方面，互联网金融协会可以为制定互联网金融统计标准和实施相关统计发挥作用。例如，可以考虑将 P2P 平台的贷款信息按各种标准进行分类，如按风险将贷款递次分出若干等级；按用途分为个人消费贷款、企业贷款、房贷等多类。对于企业贷，更应进一步统计贷款扶持的主要行业；按期限进行分类等。另外，还应为借款人和投资人作好画像。对借款人需要统计借款人的工作、收入、信用评级、借款额、

借款次数，还款比例，信用卡的使用额度、信用卡额度，纳税状况，破产记录等信息；对投资人也需对其年龄、收入等数据作相应统计。

六 推动稳健的金融创新，平衡防范风险与创新之间的关系

要减少匹配资金供给与需求的高额成本，网络借贷平台就需要创新。但是，目前的创新模式对平台和投资者都蕴含较大风险。当平台自行作出各种创新、运行一段时间后监管部门发现不合规再叫停后，平台可能面临合规风险；投资人则可能遭遇不必要的损失。因此，可以借鉴英国经验，引入"监管沙箱"的做法，对P2P平台的一些创新产品进行测试。通过试测的准予推向市场，未能通过试测的可再次申请；两次未能通过试测的机构，则规定在一定时期内不得再次申请。这样，可以基于中国P2P平台的实际发展和运营状况，增加P2P平台的服务功能，扩大其服务范围，在鼓励创新和防范金融风险方面获得必要的平衡。

归根结底，风险缓释措施的核心在于"打铁还需自身硬"。一方面，这要求平台在如何提供优质信息中介服务方面发力，用服务实体经济的业绩来赢得更多客户和广大市场。另一方面，对于监管部门来说，也要加强穿透式监管和监管科技（Regtech），推动大数据支撑技术的深度应用，建立符合现实的预警系统，从源头防范大规模风险的积累和爆发，从而降低监管成本，保护投资人，让网络借贷为服务中国实体经济发挥更大作用。

参考文献

王家卓、徐红伟主编：《2017中国网络借贷行业蓝皮书》，清华大学出版社2018年版。

网贷之家：《2017年中国网络借贷行业年报》，2018年。

北京大学数字金融研究中心、上海新金融研究院：《美国金融科技考察报告》，2017年。

朱家祥、沈艳、邹欣：《网络借贷：普惠？普骗？与监管科技》，《经济学》（季刊）2018年第4期。

北京大学国家发展研究院、北京大学数字金融研究中心、国务院参事室金融研究中心：《互联网金融的风险与监管》，2018年。

零壹财经、零壹智库：《2017全球金融科技发展指数（GFI）与投融资年报》，2018年。

中国银监会、工业和信息化部、公安部、国家互联网信息办公室：《网络借贷信息中介机构业务活动管理暂行办法》，2016年。

P2P 网络借贷风险专项整治工作领导小组办公室:《关于做好 P2P 网络借贷风险专项整治整改验收工作的通知》,2017 年。

Cambridge Centre for Alternative Finance, Cambridge Judge Business School, Polsky Center for Entrepreneurship and Innovation. Breaking New Ground: The Americas Alternative Finance Benchmarking Report, 2016.

Cambridge Centre for Alternative Finance, Cambridge Judge Business School, Polsky Center for Entrepreneurship and Innovation. The 2017 Americas Alternative Finance Industry Report, 2018.

Cambridge Centre for Alternative Finance, Cambridge Judge Business School. Entrenching Innovation: The 4th UK Alternative Finance Industry Report, 2017.

U. S. Department of the Treasury, Opportunities and Challenges in Online Marketplace Lending, 2016.

U. S. Office of the Comptroller of the Currency, Evaluating Charter Applications from Financial Technology Companies, 2017.

World Bank Group International Finance Corporation, Digital Financial Services: Challenges and Opportunities for Emerging Market Banks, 2017.

后　记

在研究推进过程中，北京大学国家发展研究院副院长、北京大学数字金融研究中心主任黄益平教授对研究的思路、框架都给出过十分重要的建议，在此表示感谢。宜信团队提供了详细的访谈机会，在此感谢宜信公司高级副总裁刘大伟、研究院总监胡安子、首席财务官赵玫、首席战略官陈欢及宜人贷首席财务官刘佳。感谢2018年4月28日《中国网络借贷市场风险缓释机制研究》闭门研讨会参与讨论的嘉宾：中国政法大学互联网金融法律研究院院长李爱君；宜信首席战略官陈欢；中国人民银行金融市场司于飞；中国互联网金融协会战略研究部负责人肖翔；北京大学数字金融研究中心特约高级研究员、中南财经政法大学文澜学院院长龚强；积木拼图集团法务副总裁郭洪伟；陆金服总经理刘晓巍；道口贷总裁罗川；信而富副总裁马恩华；北京大学法学院教授彭冰；网贷之家联合创始人石鹏峰；蚂蚁金服财富事业群资深产品经理王珺；北京大成律师事务所合伙人肖飒；红岭创投电子商务股份有限公司董事长周世平；京东金融副总裁、财富管理事业部总经理周宇航；北京大学数字金融研究中心特约高级研究员、对外经济贸易大学金融系主任张海洋。感谢2018年6月1日在北京大学数字金融研究中心《网络借贷市场风险缓释机制》报告发布会上，国务院发展研究中心金融研究所前所长张承慧、中国社会科学院金融所银行研究室主任曾刚、宜信公司高级副总裁刘大伟的精彩点评。

同时，也感谢中国人民银行研究局局长徐忠、成均馆大学边文龙教授对初稿提出的丰富而有价值的修改意见。感谢网贷之家为本研究提供数据，北京大学国家发展研究院博士生王靖一提供数据清理支持和修改建议。感谢北京大学数字金融研究中心办公室主任任洁和行政团队出色的服务。作者文责自负。

沈艳，北京大学数字金融研究中心副主任，北京大学国家发展研究院经济学教授。沈艳教授 2003 年在美国南加州大学取得经济学博士学位，是 Econometric Society 和 American Economic Association 会员。沈艳教授现为教育部北京大学人力资本与国家政策研究中心副主任，中国数量经济学会常任理事。目前还担任 *Journal of Econometrics*，*China Economic Review*，*Economic Development* and *Cultural Change* 等刊物的匿名审稿人。主要研究领域包括大数据和互联网金融、理论和实证计量经济学、微观金融、社会经济状况等。

李苍舒，2018 年 7 月毕业于清华大学五道口金融学院，获经济学博士学位，现在北京大学国家发展研究院从事博士后研究。曾在 *International Journal of Intelligent Technologies and Applied Statistics*、《数量经济技术经济研究》、《统计研究》、《经济学动态》、《国外社会科学》、《金融评论》等刊物公开发表学术论文十余篇，所撰写的论文被人大复印报刊资料转载。研究兴趣包括数字金融和宏观经济金融等。